ケースブック

SDGs 経営

― 企業構成員を動機づける仕組み ―

安藤 崇 著

同文舘出版

世界がぜんたい幸福にならないうちは　個人の幸福はあり得ない

（宮沢賢治　『農民芸術概論』　より抜粋）

はじめに

この本を手に取っていただきありがとうございます。著者の安藤崇（あんどうたかし）です。この本は千葉商科大学の授業科目（管理会計特論「企業のSDGsに対する取り組みとしくみ」）のテキストとして編集されたものです。そのため主な読者は大学生を想定しています。ただ彼ら・彼女らに限定することなく、最先端の環境経営・SDGs経営に興味をお持ちの方々や、企業の実務担当の方々も読者対象としています。

近年のSDGs経営の大きな特徴は、①企業の社会環境への取り組みを「価値の創造」と捉える、そのため②その価値をどれ程どのようにしてもたらすかを重視するようにシフトしつつある点にあります。これまで企業の社会環境への取り組みは、企業の社会的責任（CSR: Corporate Social Responsibility）として捉えられてきました。そもそも企業は社会や環境に対して悪い影響を与えているのだから、それをつぐなうことが社会の構成員としての責任だという発想があったといえます。ただ近年はこうした考えではなく、企業は社会に大きな影響を与えることができる組織だから、進んで善いこともしていこうという前向きな発想に立っていることが多いです。そして社会や地球環境に貢献しながら、積極的に自社の利益や競争力も上げていこうと動き出しています。これは「共通価値の創造（CSV: Creating Shared Value）」とよばれています。

2つめの特徴の「価値創造の方法と大きさの重視」については、企業が自主的に発行する社会環境報告書（統合報告書）からも読み取ることができます。そもそも多くの大企業は原理的に株主のものです。株主の中には利益を重視するタイプの人々も依然として多いので、社会環境への取り組みが自社にどのようなメリットをもたらすかを説明するよう求められます。このメリットのことを専門用語では「インパクト（影響）」とよび、現在実践と研究が進行中です。

こうした2つの特徴からも、**企業の社会環境への取り組みは決して特別な**

ことではなく、**通常の経営活動に近づきつつある**ことがわかるでしょう。関連書ではSDGs経営は特別な経営スタイルであるとするものも少なくありません。しかし本書はそうした立場はとらず、むしろ通常の経営活動にいかに結び付けて展開させていけるかを解説していきます。そもそもSDGsの根本には、社会・地球環境と経済を統合させる考えがあったはずです。別個のままだとSDGsはいつまで経っても企業全体の中に適切に位置づけられず、長続きもしないからです。

　本書の特徴は近年のSDGs経営を担う現場の社員（一般の従業員とマネジャ）の動機づけに着目している点です。企業の社会環境への取り組みは現実には現場の社員が展開し、実現していくものです。企業現場について最もよくわかっているのは現場の従業員ですし、現状を変えていくのも彼らです。現場マネジャは従業員に対して、SDGsをどのように動機づけているのでしょうか？　さらに企業トップはやる気になった彼らを1つにし、社会に誇れるような活動としてどのようにまとめ上げていくのでしょうか？　こうした問いに答えていくことが本書の目的です。

　中でも従業員の思考や行動に大きな影響を与える、企業全体の仕組み（システム）を中心に解説していきたいと思います。現場で働く従業員たちもみなさんと同じ人間です。SDGsに対してすごくやる気のある人もいれば、実はそれ程意識の高くない人もいます。すごくやる気のある人は社内でSDGsをリードしてくれるかもしれません。ただ本書の重点的な対象はそれ以外の人達です。実際トップは自社で働くメンバーをSDGsに取り組まないからといって、クビにすることは法律上できません。でも企業が全社的にSDGsに取り組もうとする時、やりたい人にだけやってもらうのは不公平ですよね。それは彼らの仕事がSDGsをやらない時より、またSDGsをやらない人より増えてしまうからです。企業は働くみんなに納得して、平等にSDGsに取り組んでもらう必要があるでしょう。

　そのためには通常の業務と同じように、①SDGs活動も予算に計上し、②成果を業績評価し、③その結果に応じて（金銭的・非金銭的な）報酬を与える

ことによって彼らの頑張りに報いてあげなくてはなりません。SDGsをがんばったにもかかわらず、会社から仕事としても見なされず、「それはあなたの自己満足ですよね？」といわれてしまうような会社でSDGsが進展していくはずはないからです。

　本書ではこうした社内の仕組みとして、環境マネジメント・コントロール・システムに焦点をあてたいと思います。環境マネジメント・コントロール・システムとは、①予算、②業績評価、③報酬を中心的な流れとした、環境マネジメントの基幹システムです。このシステムは毎年1年間で同じプロセスをぐるぐる回していきます。もちろん取り組みの内容はレベルアップさせようとしますので、らせん階段を上るようなイメージがよいでしょう。このテーマのポイントは、企業内で働く人たちにいかに環境目標斉合性を高めてもらうか？　という点にあります。「**環境目標斉合性（Environmental Goal Congruence）」とは本書を貫く最重要のキーワードで、持続可能な地球、社会、組織の実現に向けて、個人や部門が自主的に行動しようとする性質や傾向**です。現在多くの企業は、そのための仕組みをつくったり、その仕組みをうまく機能させたりする工夫をしなくても、メンバーが進んで社会や地球環境に配慮しながら活動してくれるよう期待しています。つまり環境マネジメント・コントロール・システムは環境目標斉合性の低い構成員に、それを高めてもらうことをねらいとしています。

　本書を通してのメッセージはこの新しい概念「環境目標斉合性」の中にあります。つまりそれは「これまでの自分の境界（さかい）を拡げて外の世界と関わり、その経験の意味を問いながら、他者（社）や環境と共に生きるようにつとめよう」というものです。最今は個人の権利を守ることが重視されてきてはいますが、以前のように全体や集団に資する傾向が低くなってきているように感じます。「情けは人の為ならず」ではありませんが、全体のために貢献するということは結局回りまわって、自分を高め強くすることにつながっていくように思います。さらに全体に貢献するということは、おそら

く本人にしかわからないし、本人しかできないことなのです（つまり組織において人それぞれの貢献の仕方があるということになります）。おそらくこのメッセージこそ、社会がSDGsを達成して幸福な世界を実現する1番の近道であるとも、筆者は考えています。

　本書はケースブックなので、環境マネジメント・コントロール・システムの研究成果を、多くの企業事例を交えながら解説していきます。これを通して企業のSDGsへの取り組みの根本の仕組みを体系的に、わかりやすく理解してもらえるように努めました。個別のシステムの導入を検討している実務担当者は、その章から読んでいただいても構いません。またまずケースだけを読み進める方法もおすすめです。先進企業が実際社内でどのようにSDGsを展開しているかがわかるでしょう。ただ重要語句の意味は第2章で解説していますので、もしわかりにくければ参考にしてください。

　なお本書は、企業経営の仕組みは根本的に競争原理によって成り立っているという視点で話を進めています。SDGsの論者の中には、「競争はだめですよ。皆が平和で、平等な社会づくりを目指しましょう！」と唱える人がたくさんいらっしゃいます。しかし現実問題として、企業システムはそのまったく逆といってもよい原理で動いています。これは本当に問題でしょうか？理想だけで現実問題は解決できるはずもありません。現実のつらさや厳しさをわきまえるものこそが、実際に理想を実現できるのではないでしょうか。本書を読んで、まず日本企業の現状を捉えることから始めましょう。そして課題を明らかにし、改善策を考え、それらを具体的に実行していきましょう。本書をそうしたガイドブックとしても活用していただければ幸いです。

2023年3月

安藤　崇

目　次

第3章

環境マネジメント・コントロール・システムの上位構造
―ソニーグループの事例―

STEP **2**

年次のサブ・システムをつくる・使う

第4章

環境予算管理システム

―日産自動車の事例―

第5章

環境業績評価システム

―パナソニックとキヤノンの事例―

第6章

社会環境報酬システム

―オムロンの事例―

第7章

外部環境マネジメント・コントロール・システム

―日本の先進企業3社の事例―

STEP **3**

今後のSDGs経営を見わたす

第10章

環境マネジメント・コントロール・システムの統合化

―キリンホールディングスの事例―

第11章

SDGs経営の意義と今後の展望

【資料】初出・事例企業一覧表

章	内容	トレンド・ニュース	ベスト・プラクティス	プラス1
3	上位構造	ガス業界脱炭素 （『日経産業新聞』 2020年12月15日）	ソニーグループ （『千葉商大論叢』 第60巻第1号 [2022年]）	GX500・オカムラの 脱炭素経営 （『日経産業新聞』 2022年12月16日）
4	予算	環境省の中小企業向け 支援事業 （環境省令和3年度HP）	日産自動車 （『千葉商大論叢』 第59巻第3号 [2023年]）	日立の社内炭素価格 （『日立統合報告書』 2021年）
5	業績評価	ゴミ処理業社・オガワ エコノスにおける SDGs経営の展開 （『日経産業新聞』 2022年7月5日）	パナソニックとキヤノン （自書『環境マネジメン ト・コントロール―善行 の内省と環境コスト・マ ネジメント―』2020年）	大阪ガス （自書『環境マネジメン ト・コントロール―善行 の内省と環境コスト・マ ネジメント―』2020年）
6	報酬	日立・リコーなど 47社導入 （『日経産業新聞』 2022年2月10日）	オムロン （書き下ろし）	日産の社会環境報酬 （『日経産業新聞』 2021年10月28日）
7	外部	外部協業ESGで拡大 （『日経産業新聞』 2022年1月18日）	日本企業3社 （自書『環境マネジメン ト・コントロール―善行 の内省と環境コスト・マ ネジメント―』2020年）	ネスレ：インドモガ地区 の典型事例 （『HBR』等典拠多数）
8	内部	味の素：ASVの自分事 化による報酬 （『日経ESG』 2021年9月号）	キヤノン （『千葉商大論叢』第59 巻第2号[2021年]）	シャープ （自書『環境マネジメン ト・コントロール―善行 の内省と環境コスト・マ ネジメント―』2020年）
9	内外の統合	人財のあり方に関する トップ・コメント （『日立統合報告書』 2021年）	大和ハウス （『千葉商大論叢』第58 巻第3号[2021年]）	ユニ・チャームKSV策定 （『日経ESG』 2021年9月号）
10	環境MCS の統合化	SDGsを掲げるコンビニ のたばこ販売のケース （『日経産業新聞』 2021年6月11日）	キリンホールディングス （書き下ろし）	課題は価値創造 ストーリー （『日経ESG』 2018年9月号）

※第1章，第2章，第11章は，事例企業が登場しないため，本表には含めていません。

STEP **1**

まずSDGs経営を
どうとらえるか？

　現状SDGs経営という言葉には統一された定義がありません。色々な人が、各自の意識や意図に従ってこの言葉を活用しています。STEP1では本書でのSDGs経営とは何を意味するのかをまず明確にします。

　企業は経済活動を主な目的としたシステムです。そのため近年社会的に重視されてきたとはいえ、SDGs活動を経済活動に代えることはできません。つまり企業の経済活動とSDGs活動は、企業システムの根幹で結び付けることが重要です。この結び付ける企業システムのことを「環境マネジメント・コントロール・システム」とよびます。

　環境マネジメント・コントロール・システムは基本的に、1年間という期間で多くのサブ・システムを順に展開していきます。このSTEP1では具体的なサブ・システムの解説に入る前に、これら全体に影響を与えている背景や動向、そしてこれらの上位システムについて詳しく解説していきます。

〈構成〉

第**1**章

企業とSDGsをめぐる 5つの動向

―SDGsと企業、環境マネジメント・ コントロール・システムの関係―

本章のねらい

1 企業とSDGsをめぐる5つの動向について解説します。
2 企業内とSDGsをつなぐシステムの重要性について述べ ます。

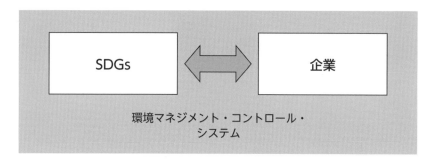

　本章では近年の企業経営にインパクトを与えているさまざまな社会環境の現状を解説していきます。そして、企業経営のシステムは基本的に経済中心のシステムであるため、近年話題になっているSDGsとはそれほど相性がよくないことについてふれます。そのためSDGsを社内で展開させるためには、企業システムとSDGsをつなぐ「環境マネジメント・コントロール・システム」を設計・活用することが有効であると述べます。

1 企業とSDGsをめぐる5つの動向

　経営学の教科書には、企業は経営資源を活用して活動を展開するとあります。経営資源とは伝統的には(1)ヒト、(2)モノ、(3)カネですが、近年は(4)情報も入れて4つの経営資源とされていることが多いです。社会のSDGsへの関心の高さは、こうした企業の活用する経営資源にも大きな影響を与えています。それぞれの点からSDGsが企業経営にどのような影響を与えているのかをまずは整理していきましょう。

　　　＜人＞　　　＜モノ＞　　　＜カネ＞　　　＋　　　＜情報＞

動向1：大前提
「脱炭素化」への動き
　まず企業に対して大きな変革を迫っている大前提の状況は、「脱炭素」です。20世紀は石油文明だったといわれます。石油は地下に埋まっている天然資

源ですが、私たちはそれを燃料や製品の材料（プラスティック製品等）として大量に消費してきました。その結果、多くの温室効果ガス（主には二酸化炭素）を排出することになり、これが現在の多くの地球環境問題をもたらしたと見なされています。

　二酸化炭素の排出が地球温暖化を本当にもたらしたのか、もしくはその他の原因は考えられないのか等、科学的には調査や研究が現在進行中ではあります。ただ、企業や私たち市民が二酸化炭素をあまり出さないように活動・行動することが、多くの地球環境問題の改善につながることは確かです。そのため今、多くの企業は「脱炭素化」に向けて動き出しています。

動向2：ヒトへの影響
ミレニアル世代の台頭と彼らの離職率の向上

　現在20歳前後の世代はミレニアル世代（Z世代）とよばれます。一般に彼らは地球環境や社会問題に対して関心が高く、大企業に就職するよりも、自分のやりたいことを重視する傾向が高いとされます。筆者は40代後半で、団塊ジュニアの世代とよばれますが、偏差値の高い大学に入学後、大企業に就職すれば人生は安泰といった風潮がまだまだありました。もちろん現代でもまだそうした風潮はあるでしょうが、以前より自分の仕事に対するやりがいを求めるように移行しつつあるといえるでしょう。大企業に就職しても、ジョブローテーション（配置転換）等で、どのような仕事を担当するかは自分の意志だけでは決めることができないからです。

　労働市場も変化し、以前ほど終身雇用を前提としないように変化してきました。以前は大企業に就職すれば定年まで企業が守ってくれるという暗黙の前提がありましたが、現状はそうもいかなくなってきています。転職も以前ほどまれなことではなくなってきました。そしてミレニアル世代は離職率（特に早期の）が高いこともデータで示されています。企業は長期間をかけて人材に多額の投資をしますから、すぐにやめられてしまっては投資が回収できなくなってしまい大きなロスとなってしまいます。

　そのため企業は人材を人的資源と見なす傾向が高まり、この資源を長期的な視点から管理・育成していくようになってきました。従業員の今後のキャリアに関しても計画を立て、彼らとの話し合いを通して、彼らに納得してもらうことを重視するような傾向にあります。これは従業員に企業から「使い捨て」られている意識を持たせないように工夫をしているのです。

　仕事内容にやりがいを求め、社会環境問題への意識も高いミレニアル世代に企業へ定着し続けてもらうためにも、企業はSDGs経営に熱心に取り組み始めています。また「ヒト」という経営資源は、他の経営資源の根本的な要素ですから、非常に重要だといえます。いくら高品質の情報をもとに材料を集めても、結局それを使うのは人だからです。また企業は人の集まる組織です。そのため**本書では、「ヒト」のやる気をいかに引き出すかをテーマに、企業内のシステムを中心に検討していきます。**

動向3：モノへの影響
大企業を中心としたエネルギー政策の転換

　こうした人々の社会環境問題への意識の向上は、エネルギー産業（電力やガス会社）の根本を揺さぶり始めました。石炭による火力発電には日本もかなり依存していましたが、二酸化炭素を大量に排出するということで、国際社会からかなり非難の的にされてきました。日本はそうした技術にも優れていたので、他のアジアの国々に技術を伝えたりもしていたのです。ところが石炭火力発電をなかなかやめようとしない企業に対して、その企業の株を大量に買い、議決権を行使し始める「物言う株主」（「アクティビスト：活動家」ともよばれます）も出てきました。彼らは新聞紙上でもそうした問題を広くPRし、企業イメージを悪化させるような活動を展開しました。

　一方で、電力やガスといったエネルギー産業の企業だけでなく、一般の製造企業も次世代エネルギーは商機（ビジネスチャンス）として注目し、事業開拓に着手し始めています。例えばパナソニックは2022年4月に滋賀県の自社工場内に水素燃料電池100台の発電所をつくりました（パナソニックはこれ

まで家電を主力製品としてきました)。同社は今後「環境」を事業の柱の1つに据えていく計画ですが、その主力となるのが「水素技術」です。もちろん再生エネルギーに対する注目が集まっているのはみなさんもご存じの通りです。今後はこうした環境にやさしいエネルギー源から電力を供給する際のコストをいかに抑えていくかが重要な課題となるでしょう。

動向4：カネへの影響

サステナブル・ファイナンスの台頭

伝統的に企業活動の成果は「カネ」によって評価されてきました。また企業活動を行うにあたってもこれは不可欠なものです。先ほど「ヒト」の構成要素が経営資源では最も重要と述べましたが、従業員も現実問題、生活のために働いている面もありますから、利益を出さない企業は持続的ではないといえます。そのためカネに対する地球環境や社会の影響は前提条件として無視できないといえるでしょう。

こうしたカネの流れに社会環境の価値を反映させる動向を「サステナブル・ファイナンス」とよびます。サステナブル・ファイナンスには、大きく分けて直接金融と間接金融があります。もともと多くの企業は株式会社とよばれるように、株主が資金を出して、経営者はそのお金を集めて事業活動を実際に行い、その成果を持ち主である株主に返すという基本的な流れがあります。そのため、直接金融とは株主や株（証券）に対する社会環境の影響のことを指します。株主の動きは「物言う株主」として 動向3 で解説した通りです。また証券会社では、サステナブル・インベストメントとして、社会や環境に積極的に取り組む企業に証券銘柄を絞った商品を展開したりしています。この投資の動向は経済活動に、善悪の価値判断を反映させた点でこれまで画期的とされてきました。

間接金融としては銀行が、社会環境に積極的に取り組む企業に優先的に支援をし始めています。中には企業が掲げた環境目標を達成できれば、金利を下げる動向なども見られています。地銀（地方銀行）でも地域の中小企業に

対して、SDGs経営のコンサルティングを展開するものもあります。これらの背景にはもちろん現代社会のSDGsへの関心の高まりもありますが、そもそも経済的に余裕があり、長期的な視点に立たないとSDGs経営には取り組みづらいといった現実問題も反映しているでしょう。

動向5：情報への影響

情報産業の取り組みとオープン・イノベーション

　現代アメリカにおける巨大ビッグビジネスは、頭文字をとってGAFAM（グーグル、アップル、フェイスブック、アマゾン、マイクロソフト。なお、現在フェイスブックは改称）とよばれています。こうした企業が地球環境問題に積極的に取り組んでいると聞いて、みなさんはどのような印象を持ちますか？　一見スマートな企業のイメージなので、それほど地球環境に関わりがないように感じるかもしれません。例えば情報産業の基盤を支えるデータセンターという施設があります。ここは莫大な数のサーバーを一箇所に集め、管理するための施設です。ちなみにサーバーとは、私たちからデータの提供の要求を受けると情報を発信してくれるコンピュータのことを指します。みなさんがメールを受け取ることができるのも、このサーバーが機能しているおかげなのですね。

■データセンター

　データセンターではサーバーを保管するだけでなく、サーバーを最適な環境で稼働させるために膨大な冷却を常時必要とします。つまりハイテク産業は電気を大量に使用する産業なのです。そのためこうした超ビッグビジネスは、社会環境問題に積極的かつ先進的に取り組んでいます。さらにこうした企業の造る製品は、多くの下請け企業（そのまた下請け企業）から部品を集めて組み立てることで成り立っているので、下請け企業（サプライヤー）に対しても社会環境問題に取り組むことを求め始めています。たとえば3章で解説するソニーグループはアップル社に部品を供給していますが、アップル社が環境問題に積極的になったこと（取引条件として社会環境課題への取り組み状況をあげる）もSDGsに取り組み始めた一因です。こうした動向を企業のSDGsへの取り組みの**サプライチェーン（供給網）への拡張**とよびます。

　また単に情報産業だけでなく、一般の製造業者（メーカー）にも影響は出ています。現代はこうしたGAFAMといった企業のおかげもあり、かなり情報化が進みました。具体的にはインターネットが私たちの生活を一変したともいえるでしょう。この情報技術は、これまでの日本の取引関係にも変化を及ぼしています。これまでは地理的にも近い企業同士の取引が一般的だったといえます。

　工業地帯（コンビナート）等はその典型例でしょう。日本には4つの大きな工業地帯（京浜、中京、阪神、北九州）があることはみなさんも中学時代に学んだと思います。こうした工業地帯は、できるだけ近くに関連した工場・企業を集めることによって、より生産や経営の効率化を図ろうというねらいがあります。ただインターネットの発展によって、地理的に離れた企業同士でもかなりの精度の情報を共有することで、一緒に仕事をする（協業）ことがたやすくなりました。特に最近の環境技術は専門的になり、企業が近隣でたやすく自社の求める企業を見つけることが難しくなりつつあります。そうした中、企業はインターネット情報をもとに、これまでの企業同士の垣根を越えて新しい価値を生み出そうとしています。こうしてもたらされた活動や成果を「オープン・イノベーション」とよびます。

■京浜工業地帯

2 企業システムとSDGsの関係

　これまでSDGsが企業経営に与える影響について見てきました。ただ根本的な問題として、SDGsは企業経営に簡単に取り入れることができるものなのでしょうか？　企業も１つの組織なので、活動を行うにもさまざまな制約や事情があります。個人的な行動ならある日思い立って、「今日から道端に落ちているゴミを拾うようにしよう！」とすぐに変えることもたやすいかもしれませんが、そうもいかないのがいろいろな人々の集団である組織です。あなたはやりたくても、他の人はやりたくないかもしれません。「私の仕事も増えるから、それは休日にボランティアでやってほしい」と思われてしまうかもしれません。さらにそもそも企業にはこれまで長年培ってきた固有の論理（ロジック）があります。現代社会がSDGsを強く求めているからといって、急に対応できるとは限りません。以下ではこの企業というシステムとSDGsの相性や関係性について考えていきましょう。

　みなさんが地球環境問題（社会問題）を意識する時はどのような時でしょうか？　今日は火曜日だから燃えるゴミの日だとか、最近スーパーに行くときにはエコバックを持っていくとか。社会問題としては途上国で強制労働が

行われていたり、日本でもまだまだ会社で女性の管理職が少ないといったりしたニュースを耳にすることもあるでしょう。

　みなさんは「オゾン層」を聞いたことがありますか？　オゾン層は地上から約10〜50キロメートルにある地球全体をおおうオゾン分子の層のことですが、この層が有害な物質から私たち生き物の命を守ってくれています。この層は赤道近くでは分厚くなっていますが、両極（北極・南極）辺りでは、近年の調査だとかなり薄くなっていることが確認されています。これによって「酸性雨」といった大きな被害が出ています。純粋な水は中性ですが、酸性になると樹木や植物をねこそぎ枯らしてしまったり、小さな動物はそれを飲んで死んでしまったりすることもあります。特に地球の北部ではこうした被害が急進行しており、緊急の対応が求められています。

　オゾン層の破壊はフロンガスという有害ガスを大量に発生させたからだといわれています。確かにフロンガスは化学的には安定した物質で便利でした。エアコンや冷蔵庫の冷媒、電子部品の洗浄、発泡スチロールの発泡材やスプレーなど幅広く使われてきました。つまり企業の活動の工業化によってオゾン層破壊が進行したといってよいと思います。

　では企業は生産活動をやめるべきなのでしょうか？　企業はみなさんが便利な生活を望むから、車や家電製品などの製品を造っているはずです。地球のことを本当に考えれば、私たちは江戸時代のように質素な生活に戻るべきなのかも知れませんが、実際それはなかなか難しいでしょう。企業は「お金をかせぐ」ことが大事ですから、みなさんが便利な生活を望めば、そうした製品やサービスを提供しようとします。企業は競争する他社よりも少しでも安く製品を造りたいし、てきぱき仕事をしてくれる従業員に働いてもらいたいし、製品を造る機械設備だってCO_2が出にくいものに新調すると莫大なお金がかかりますから、あまりそういうことは気乗りがしないのが本音です。ただこのままいくと社会や地球はだめになってしまう。どうしたらいいでしょうか？

　このように、これまでの経営活動に新しい活動を付け加えるとコストがか

かりますから、通常は企業の利益は減ってしまいます。企業活動の本質が利益追求だけではないとしても、利益を出し続けないと企業は新しい事業に投資もできませんし、働いてくれる従業員にお給料も支払えなくなってしまいますから、これは最低限の必要条件といえそうです。

つまり**根本的に企業活動と社会環境問題への取り組みは相性が悪いこと**がわかっていただけたと思います。さらに組織というものは、その目的や基本的な論理・実際の行動をなかなかすぐに変更することはできません。個人は思い立てば明日からでもやり方を変えることはできるかもしれませんが、組織には社会から求められている役割・ルールや、そもそもの活動の目的があるからです。それらを簡単に変えることは難しいでしょう。

ただ近年の社会問題や環境問題に対する人々の意識の高まりは、特に世界を代表する企業に活動の変革を迫っています。ただ企業が変わろうとしても、企業を構成する従業員の意識が変わらなければ、企業活動は何も変わりません。そこで企業は従業員の意識を高めるために、企業の中の制度（システム）を新しく変えることによって対応しようとしています。そのため本書ではこの企業システム（環境マネジメント・コントロール・システム）について詳しく見ていくことにしましょう。

3 まとめ：SDGsと企業、環境マネジメント・コントロール・システムの相互関係

基本的に企業は経済中心のシステムですから、SDGsとの相性はそれほどよくありません。伝統的には社会や環境に悪影響を与えてでも自社の利益を優先しようといった風潮さえあったほどです。そのためSDGsと企業活動を結び付けるためには、これまでのシステムを修正したり、新しいシステムを導入したりする必要があります。その基幹システムが**環境マネジメント・コントロール・システム**です。つまりもともと相性のよくなかった企業とSDGsをつなぐ手段が、環境マネジメント・コントロール・システムです。以降の章ではその具体的な内容と展開を見ていきましょう。

より深く学びたい人のために

①伊丹敬之・加護野忠男. 2003.『ゼミナール経営学入門（第3版）』日本経済新聞社.

☞経営学の基本をしっかり学びたい人のためのテキストです。企業事例を交えた解説等、初学者にも取り組みやすく工夫されています。

②谷武幸. 2013.『エッセンシャル管理会計（第3版）』中央経済社.

☞管理会計やマネジメント・コントロールの基礎をわかりやすく解説しています。

第2章

SDGs経営の全体像
―キーワード解説を中心に―

本章のねらい

1 SDGsと企業をつなぐシステム（環境マネジメント・コントロール・システム）の概要について学習します。

2 環境マネジメント・コントロール・システムは究極的に環境目標斉合性の向上を目指しています。

3 本書でのSDGs経営とは何かを定義します。

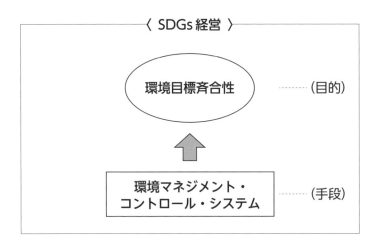

　本章ではSDGs経営の概要（全体）と構成要素（部分）を詳しく解説していきます。特にSDGs経営の基幹システムである環境マネジメント・コントロール・システムが話題の中心です。そして最終的に環境マネジメント・コントロール・システムは、環境目標斉合性を高める手段であることを理解しましょう。

　なお本章は本書の重要なキーワードを1つの話の流れとして解説していきます。中でも重要語句は、2. CSV、4. 事業部制組織、5. 経営戦略、6. 環境マネジメント・コントロール・システム、7. 環境目標斉合性の5つです。特に関心のあるものから確認していくのもよいでしょう。

1　SDGs（Sustainable Development Goals：持続可能な開発目標）

　まずSDGs経営について述べる前に、SDGsとは何かについてふれておく必要があるでしょう。SDGsとは国連が採択した2030年までにめざす「世界のあるべき姿」といってよいでしょう。特に社会や地球環境問題への取り組みによって、世界の理想像を描いた点が特徴です。コンセプトは「Leave No One Behind！（だれ一人取り残さない！）」というものです。

　SDGsを提唱したのは国連（United Nations：国際連合）という国際機関ですが、この組織は第二次大戦後に発足しました。大戦の反省をふまえ、世界中の人々が平和で安全に暮らせるように願いが込められていました。この組織はアメリカ、イギリス、ロシア、中国等が中心になって設立し、現在193か国（2022年9月現在）から構成される世界最大の国際組織です。つまりこうした国のトップの人々が、国際平和と協力の実現に向けて、世界中のさまざまな問題について話し合う機関が国際連合です。

　発足当初の主な議題は「戦争・平和・経済開発・人権」でしたが、1970年代ごろから地球環境問題もテーマとして取り上げられるようになりました。1982年にはケニアの首都ナイロビで国連の環境会議が開催されました。これは「リオサミット」とよばれています。ここで日本の代表団は「環境と開

発に関する世界委員会」を設置する提案したため、1984年から活動が開始されました。この委員会は委員長の名前から、「ブルントラント委員会」ともよばれ、3年の討議を経て、報告書「Our Common Future（邦題：我ら共通の未来）」を発表しました。そこでは持続可能な開発（SD: Sustainable Development）という言葉を新しく提示し、「将来世代のニーズを満たす能力を損なうことなく、今日の世代のニーズを満たす開発」と定義しています。

　1994年には197の国や機関が「気候変動に関する国際連合枠組み条約」を結び、1997年には日本で「地球温暖化防止京都会議（COP3）」が開かれます。ここで温室効果ガス排出規制に関する国際的な合意がなされました。これにともなって2001年1月から「ミレニアム開発目標（MDGs：Millennium Development Goals）」の実施に向けて国連は動き始めました。社会や環境に関する8つの分野で1990年を基準年とした具体的な数値目標を掲げ、2015年までの達成を目指すものでした。しかし世界は結局すべての目標を実現することはできませんでした。そのため国連は2015年にパリでCOP21を開催し、新しいアジェンダ（行動計画）「持続可能な開発目標（SDGs：Sustainable Development Goals）」を翌年に発効したのです。

2 CSV（Creating Shared Value：共通価値の創造）

　このように持続可能な開発は、1980年中ごろから世界の経済発展や開発の基本的な理念として掲げられました。ここでは企業の経済活動は、地球の機能を低下させるとしても、その修復範囲内でなくてはならないし、社会的にも他者や他国に迷惑をかけるのであれば、ちゃんと補わなくてはいけないという発想がありました。一方で持続可能な開発目標（SDGs）も確かにこの理念にもとづくのですが、2011年にアメリカの経営学者マイケル・ポーターの理論も一部反映され、内容が改訂されています。この理論は「共通価値の創造（CSV：Creating Shared Value）」とされ、地球や社会によいことをしながら、自らの競争力も向上させていく考え方です。これまでの持続可能な開

発では、企業の社会や環境への取り組みは、経済活動とは別の所で追加して補わなければならないという考えでしたが、CSVでは、そもそもの企業の事業活動（できるだけ「本業」）を通じて社会環境課題を改善するという新たな考え方を提示したといえます。社会や地球環境と経済の3つを重視する考え方は共通していますが、その価値の実現の仕方に対する見方が大きく変わったのです。それはCSVは主体を企業として想定しているので、本業を通じて展開しようとするからでしょう（「持続可能な開発」は地球上のあらゆる主体を想定していました）。

　ポーターとクラマー（2011）はCSVを「企業が事業活動を営む地域社会の経済条件や社会状況を改善しながら、自らの競争力を高める方針とその実行」（ダイヤモンド社編集部訳 2011, 11）と定義しています。これは「企業を取り巻く拡大されたステークホルダー主体との共通の価値を高めることで、企業自身の成長を目指す戦略」（國部 2015）です。実際長期継続的に企業が成長を目指すならば、自社のみの短期的な利益を追求する活動は長続きしないでしょう。企業は社会の一員でもありますから、自社の利益だけでなく、公共の価値も高めることを通じて、最終的に自らの利益も見返りとして獲得することができるでしょう。つまりこの経営実践の特徴として①企業活動の本質（自社の持続と存立（溝口 1987））は維持する、②社会環境活動の内容は少なくとも長期的には自社にとって何らかの価値をもたらしうるものに限定する、③最終的には「自社の競争力の向上をねらい」とするという3点を指摘することができます。もちろん国連と企業とでは立場の違いがありますから、国連がポーターらの理論をすべて取り入れたわけではありません。ただポーターらの理論はSDGsの基本的な考え方に大きな影響を与えていることは確かです。

3 企業内外のシステム

　SDGsと企業システムの相性がよくないことは前章で述べましたが、企業は大小さまざまなシステムによって成り立っています。企業を取り巻くシス

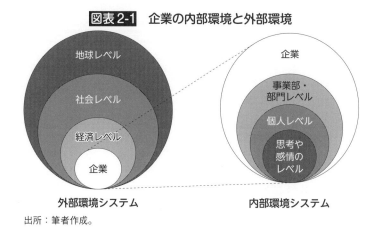

図表2-1 企業の内部環境と外部環境

外部環境システム　　　　　　内部環境システム

出所：筆者作成。

テム（制度）は大きく企業外のシステムと企業内のシステムに分けることができます（図表2-1）。

　企業外のシステムとして企業の一番近くで接しているのは経済レベルの環境です。企業も自社のみの力で活動しているわけではありません。銀行や株主から資金を提供してもらったり、同業社団体で政府に交渉したり、グローバルに活動する企業は国際金融制度などの影響を受けたりしながら活動しています。そのもう1つ上のシステムが社会レベルの環境です。工場を地域に建設する場合には地域の人々の理解を得る必要がありますし、地球規模の活動を行う企業は進出国の政治の状況が安定していなければ活動の継続は難しいでしょう。さらにこの地球上における最大のシステムは地球レベルの環境です。そもそもこのシステム以下の主体はすべてこの基盤があるからこそ、存在することができますし、活動も展開することができます。

　一方企業内のシステムを見ていきましょう。企業の活動に全責任を持つのはトップ・マネジメントです。社長や執行部メンバーを想像してもらえばよいでしょう。その下にはミドル・マネジャとよばれる人たちがいます（図表2-2参照。図表2-1では事業部・部門レベル）。

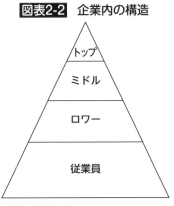

図表2-2 企業内の構造

出所：筆者作成。

　部長や課長がこれにあたりますが、そもそも大きな企業は事業部制をとる会社も多いです（事業部制について詳しくは次の項目をご参照ください）。企業内に設けられたいくつかの事業部の長となり、それぞれの事業部の活動に責任を持つ人達（またそれに準じるクラスの人達）のことをミドル・マネジャとよびます。さらにその下にはロワー・マネジャや構成員がいます。ロワー・マネジャは現場の監督者で、製造企業だと工場長等も含めてよびます。図表2-1でいうと、事業部・部門の長にあたるのが、ミドルとロワーのマネジャです。図表2-1に戻ると、結局企業は構成員一人ひとりの集合体なので、個人レベルにまで細かく捉えることができます。ただ、構成員一人ひとりを根本的に行動へとかき立てるのは一人ひとりのモチベーションです。そのため本書では、このモチベーションに影響を与える個人の思考や感情（以下「マインド」）を分析の最小単位としたいと思います。

　最近は組織がフラット化（組織の階層の数が少なくなっていっている傾向）に向かいつつあるので、必ずしもすべての企業がこうした仕組みになっているわけではありません。ただ伝統的・基本的にはこうした構造であると捉えてください。

4 事業部制組織

　事業部制組織を日本で1番最初に導入したのは、パナソニックです。パナソニック（現在はパナソニックホールディングスと改名）はもともと家電事業から発展してきましたが、現在はさまざまな事業に進出しています。家庭用電気機械機器だけでなく、産業用機械、他企業との連携（例えばトヨタとの電気自動車の開発）や街づくりも手掛けています。従業員数も240,198名（2022年3月末日現在）となり、日本を代表する大企業の1つでもあります。パナソニックの創立者は松下幸之助氏で、経営の神様とよばれるほど偉大な人物です。幸之助氏は人から「なぜあなたは事業で成功したのですか？」という質問を投げかけられることも多かったようです。その時彼は、「それは僕が病弱で、学がなかったからでしょう」と答えたといいます。驚くかもしれませんが氏の真意は、もともと身体が丈夫ではなかったためにさまざまな事業を従業員に任せ、学がなかったからこそ教育を受けた従業員の話をよく聞くようにしたということでした。

　幸之助氏ですら、規模が大きくなった企業の、それぞれの専門領域を細かく把握することは難しかったようです。そのため企業はそれぞれの事業や市場の担当の専門部署（事業部（business unit）とよびます）を決め、それぞれの長にその事業領域のことは任せるように変化してきました。こうした組織形態のことを「**事業部制組織（divisionalized organization）**」とよびます。

　ただ経営トップは事業部の長（事業部長とよびます）に、すべてを任せっぱなしにするわけではありません。事業部固有の事情はよくわからなくても、結果としての業績は原則1年に一度測定して、あらゆる事業部を一律に評価しようとします。競争意識の強い事業部であれば「隣の事業部には負けたくない！」といって、一生懸命結果を出すよう頑張るでしょう。伝統的にはこうして企業トップは1年に一度、あらゆる事業部を成果としての財務業績（例：利益額や売上高など）で一律に評価してきました。環境マネジメント・

コントロール・システムの中心である環境業績評価は、このトップの事業部（長）に対する業績評価の採点表の一部に、環境に対する取り組み状況（環境パフォーマンス）の項目（指標）を加えたものです。先ほど「原則」と断りましたが、実際には事業部にもそれぞれの事情がありますので、最終的にはそれも考慮して評価されることが多いようです。例えば新規事業（中国進出等）の担当事業部が、他の伝統的な実績のある事業部に勝てないことは目に見えています。そうした場合にはそうした事業に対して企業トップがその事業部に望む成果を、事業部業績評価の指標として採用することも多いようです（例えば中国進出事業部だと、売上高ではなく、売上高前年比伸び率等を採用する等です。これは規模ではなくこれまでと比べた成長率で事業部を評価しようとしているのです）。

　以下の図表2-3は2018年3月時点のパナソニックの組織構造を表した図です。厳密にはこの時点で下位組織は「カンパニー」という、事業部より自主性や独立性を高めた位置づけになっています。さらに現在では当時の本社機能はホールディングスという持株会社になり、下位組織は子会社としてこの図表の状態よりもさらに自主独立性を高めています。

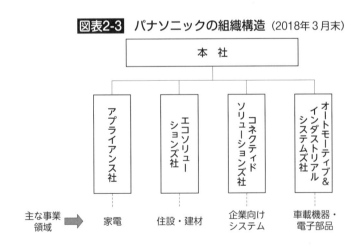

図表2-3　パナソニックの組織構造（2018年3月末）

本社			
アプライアンス社	エコソリューションズ社	コネクティドソリューションズ社	オートモーティブ＆インダストリアルシステムズ社

主な事業領域 ➡

家電　　　住設・建材　　　企業向けシステム　　　車載機器・電子部品

5 時間軸での展開：中長期計画と経営戦略

　ここまでの解説は、企業を取り巻く状況を一時点で見たものです。ただ実際は企業を取り巻く状況も日々変化しています。つまり一定時点におけるシステムだけでなく、時間の経過をふまえた企業のシステムも捉えていかなくてはならないでしょう。

　企業はそもそもお金儲けのための道具だと批判されることもありますが、基本的には社会への役立ちを通じて、自社をより繁栄させていくために、適正に利益を獲得していかなくてはなりません。利益を出せない企業は、従業員に給料を支払うこともできないからです。ただ利益を出すということは、それほど単純なことではありません。単に自社のお金儲けだけを考えている企業はほぼ長続きしません。それは自社の製品やサービスが顧客（お客さん）にとって役立つものでなければ、顧客はそれらを買ってくれはしないからです。社会に役立ち、しかもそれを顧客がそのように捉えてくれて初めて、取引が成立します。そして最終的に企業に利益がもたらされるのです。つまり短期的にはまず企業は利益を獲得しなければなりません。

　一方企業訪問で社長室や役員室などに行くと、額縁に「経営理念（経営信条等）」といったものが掲げられていることも多いです。「私たちの会社は、そもそもどういう組織か？」「何のためにどのような価値を創っていくべきか？」 等がそこには描かれています。経営理念の多くは、その企業の創業者やそれに準じた人々が創業当初につくることが多いです。ただ長期的に実現すべき経営理念はたいてい抽象的に描かれています。それらは多様に解釈できる場合も多く、その実現に向けて具体的に課題を解決したとしても、また新たな課題がもたらされるといった、いつまで経っても終わりの見えないゴールのようなものが多いのも事実です。だからこそその意味の解釈は時代の背景やニーズをふまえて、その時の経営者らが独自に解釈し、長期的な計画や中期的な計画（中長期計画）に具体的に落とし込んでいこうとします。

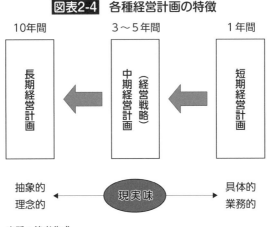

図表2-4 各種経営計画の特徴

出所：筆者作成。

　中長期の計画は利益や財務面を重視した短期計画と違って、活動内容や実現すべき価値を表したものも多いです。時期の長さとしては長期が10年間以上、中期は3年から5年間ぐらいの期間と捉えればよいでしょう。さらに中期の行動計画は短期ほど業務的・具体的でなく、長期ほど抽象的でない場合が多いので、よく「手触り感覚（現実味）」があるのがよいと表現されます。通常の企業ではこの中期の計画を「**経営戦略**」として非常に重視しています（図表2-4）。

6 環境マネジメント・コントロール・システム

　しかし、いくらよい経営戦略を描いたところで、実際にそれを実現できなければそれは「絵に描いた餅」になってしまうでしょう。3年から5年にわたる経営戦略を、単年度（1年間）に落とし込み、より具体的に何をどのレベルまで達成すればよいか、そしてそれを一体いくらの金でなすべきか？　といった現実的な指針を与えるのがマネジメント・コントロール・システムです。
　環境マネジメント・コントロール・システムという言葉を分解すると「環

境」＋「マネジメント・コントロール・システム」となります。以下ではこれら2つの構成要素について詳しく解説していきます。

（1）環境とは何か

「環境」はそもそも英語の「environment（取り巻く、囲む、包囲する）」の訳語です。これに当時の日本人は中国の古語をあてました。「環」とは「めぐる」という意味です（中国では国の周囲に砦を築くことを意味しました）。「境」は「さかい」で今の日本語でも活用しますが、何かと何かをへだてる境界のことです。つまり原義からすると「環境」とは「境をめぐらせる」ことを意味します。

例えば私たちの身体と外の世界をへだてているのは皮膚です。皮膚は私たちの内臓を外からの衝撃から守り、私たちの身体をうまく機能させる役割があります。私たちの身体には循環器系（血液の流れ）や消化器系（食べたものを消化し、いらなくなったものは排泄する）といったさまざまなシステムがありますが、ただこれらのシステムを守ることだけが皮膚の役割ではありません。外からの刺激を受けて、内側のシステムに対して外界への適応を促すのも皮膚（に張りめぐらされた神経）の重要な役割です（例えば汗をかいて体温調節することで、身体の機能を正常に保ちます）。

マネジメント・コントロール・システムについては、以下で詳しく説明しますが、環境マネジメント・コントロール・システムは環境に関するシステムです。環境は内と外をへだてる境界で、環境に関わるシステムはその境界を通じて内のシステムと外のシステムを相互に影響させ合うものだということをまず捉えてください。また、先に解説した図表2-1は企業にとっての環境そのものです。左が企業の外部環境で、右が企業の内部環境です。本書では環境はただグローバルな地球環境のみを指すのではなく、こうした2つの環境要素からなるものとします。それは本書はあくまで企業を主体として環境を捉えるからであり、環境を「企業を取り巻く諸条件」と定義したいと思います。

(2) マネジメント・コントロール（システム）とは何か？

① ダイエット成功の秘訣

　みなさんはダイエットに取り組んだ経験はあるでしょうか？　成功した人もいるでしょうし、そうでなかった人もいるでしょう。成功した人の経験を聞くと、意外と共通点としてあがっているのは、取り組み方にあるように思います。ただ漠然と「やせたいな～」と思いめぐらせているだけではあまり効果的ではないようです。期間を決めて、落としたい体重の目安を立てます。そして具体的に方針と行動の計画を立てます。例えば糖質の高いものは避けるよう行動し、毎日のように体重計に乗って自分の体重を量ります。もし増えているようであれば、「何が悪かったのだろう？」と原因を分析します。もしお昼の後にすぐ食べたスイーツが原因かもしれないと判断すれば、そういう習慣を一つひとつ見直していく。こうした行動の積み重ねが成功の秘訣のように感じます。

　ここでの取り組み方のポイントは、①期間を決めて数値目標を設定する、②目標実現に向けて計画を実行する、③定期的な計測と、その結果を客観的に分析し、④具体的な改善活動につなげるということです。こうした①計画（Plan）、②実行（Do）、③評価（Check）、④是正措置（Action）の繰り返しで改善活動を展開していくサイクルを、頭文字をとって「**PDCA サイクル**」とよびます。こうした一連の流れはダイエットといった個人的な取り組みにとどまらず、企業や政府・自治体といった多くの組織の活動基盤（システム）としても広く社会にも取り入れられています。

②企業のPDCAサイクル

　企業は根本的には収益性や将来の競争力を上げることをねらいとした組織であることは第1章で述べました。企業組織ではこうしたねらいにむけてPDCAサイクルをどのように展開しているかを見ていきましょう。

　企業の設定するPDCAサイクルの期間は通常1年間です。1年間でどのぐらいの目標を設定して（例えば目標利益額をどのぐらいにするか？等）、それを一体どのようにして実現するのかについては、その1年間が始まる前に企業内で十分に検討されます。大きな組織だと、会社の中に多くの事業部を抱えていることも多いので、多くの事業部がその期にいくらの資金をもとにどのような人材を活用して、どのように目標を達成するのかを具体的に話し合います。実際多くの事業部は競合関係にあることも多いので、企業全体の資源を取り合うこともしばしばです。この実践を「予算」とよびます。みなさんも夏休みの宿題の計画を立てた経験もあるでしょう。なかには計画的に取り組まず、2学期が始まる間際にあわてた学生さんもいらっしゃるかもしれません。何事も計画的に取り組まないと、特に組織レベルの活動はまとまりがつかなくなってしまいます。いくらの資金で、どのような設備や環境に人を割りあてて、目標をどのように達成していくのかの計画を立てる段階が予算の編成段階です。ここまでがいわゆる「Plan（計画）」段階です。

　次に立てた計画をうまく実現できるよう、事業部は日々努力します。やり方を試行錯誤して効果的な方法を見つけられた場合は、企業全体で共有する場合もあります。このように立てた計画の達成に向けて取り組む段階が「Do（実行）」です。

　そして1年間の取り組みの結果は、必ず測定しなければなりません。伝統的には会計数値でその成果を測定していました。事前に立てた計画通りに（もしくはそれ以上に）結果が出せた事業部は高く評価されます。残念ながら今期うまく成果を出せなかった事業部は低くしか評価されません。こうした段階が「Check（評価）」とよばれます。特に欧米企業は、その評価にもとづいた報酬（ボーナス等）を与える傾向があります（近年の日本企業もこうした傾向に

図表2-5 業績評価とインセンティブ

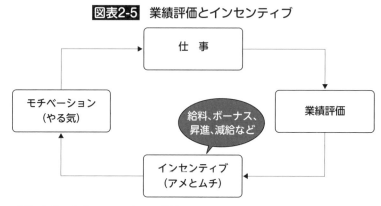

出所：加登・李（2011, 221）から抜粋。

なりつつあります）。成果を出せた事業部には高い報酬を与え、うまく出せなかった事業部は低い報酬しか与えないことになります。こうした一連の仕組みによって、事業部の目標達成へのモチベーション（やる気）が上がるような仕組みがつくられます。

　最後にやりっぱなしではなく、期首に立てた目標と実績値のギャップがなぜ起こったのかをきちんと分析します。次年度以降の新たな目標設定に役立て、事業部の今後の改善活動に結び付けるためです。この段階が「Action（是正措置）」です（図表2-5）。

　こうした財務目標や経営戦略の実現に向けて、マネジャが構成員を動機づける活動を**マネジメント・コントロール**とよび、そのための企業内の仕組みを**マネジメント・コントロール・システム**とよびます（Anthony 1988）。

（3）環境マネジメント・コントロール・システムとは何か？

　ここまでの解説をまとめると、環境マネジメント・コントロール・システムは3つの特徴を持つことがわかります。

　1つめは企業の内外の状況を調整するものであるということです。企業外には地球環境システム、社会システムや経済システムがあり、企業内には事

業部やそれを構成する従業員等がある（いる）ことがわかりました。環境マネジメント・コントロール・システムはこれらを個別に扱うのではなく、相互に関連づけて全体的に調和させる働きがあります。

　2つめはその手続きはPDCAサイクルを経るということです。期首に立てた目標通りに実態がうまくいったかを捉え、もしそこにギャップが生じているようであれば(1)その程度はどのぐらいか、(2)それはなぜもたらされたかを評価・分析する仕組みです。

　3つめはこの仕組みをより機能させるために、「事業部間の競争意欲」を活用している点です。横並びに位置づけられた事業部は、他の事業部を競争相手と見なしがちです。「他の事業部との競争に勝って、少しでも自社内での地位を高めたい」、「今期高い業績を出して、たくさんの報酬を勝ち取りたい」といった競争心が、さらにこのシステムをうまく機能させていく鍵となります。

　このように**環境マネジメント・コントロール・システム**は「環境戦略の実現や創造（創発・共創）のために、マネジャが他の組織構成員に影響を与えるビジネス・プロセス」と定義することができます。

7 　環境目標斉合性

　環境マネジメント・コントロールの本質は「**環境目標斉合性**（Environmental Goal Congruence)」を高める点にあります。簡単に述べるとそれは企業構成員一人ひとり（や下位組織）が社会環境に対する配慮や理解が高く、自主的に社会環境と調和して仕事をしようとする性質や傾向のことを指します。

　そもそも**目標斉合**（goal congruence）とは、部分（下位組織：事業部や部門）が全体（企業）の一部として、滞りなく機能し、貢献している状態をいいます（部分最適と全体最適の統合）。多分野に進出しすぎた大企業は、ともすれば数多くの事業部の「よせ集め」状態になりかねません。優れた企業トップはそうでなく、各々の事業部を企業全体の目的に向けて適切に役割を与え、そ

れぞれを効果的に関連づけようとします。多少言葉を悪く表現すれば、事業部が「会社の歯車の１つ」となって他の事業部と調和し、企業全体がうまく回っている（機能している）状態を指します。美男美女のタレントさんの顔を見て「美しい」と感じるのは、それぞれの顔の部分がきわだっているからだけではなく、全体として調和のとれた顔立ちだからかもしれません。この本だって、どこかの章が優れている（劣っている）ことも大事ですが、全体として伝えたいメッセージに、それぞれの章がそれぞれの役立ちをすることの方が大事だと思っています。これを専門用語で「**部分最適と全体最適の統合**」とよびます。

　こうした目標斉合を「環境」にあてはめるとどうなるでしょうか。地球環境は企業という組織を超えた存在です。社会というシステムさえ超えた存在です。また先に述べたように、本書での「環境」は単に地球環境のみを指すわけではありません。企業を取り巻く諸条件を意味するので、企業内にも環境は深めることができます。企業の内部環境としては、事業部や組織文化（従業員に共有された価値観や職場の雰囲気）や個人のマインドの構造まで深めることができます。最も深いレベルは個人のマインドで、最も拡大した環境は地球環境ですから、環境目標斉合性はこれらが一貫して関連づけられた状態を意味します。**本書では環境目標斉合性を「（企業体を含んだ地球上のシステムの）持続可能性の論理・規範、文化が、企業で働く個人のマインドの構造にまで浸透し、それらにもとづいて構成員一人ひとり（や組織）が自主的に上位システムの目的と目標の実現に向けて活動する性質や傾向」**と定義することにします。

　なおこの環境目標斉合性を高めるには３つの方法があります。１つはこれまでの目標斉合性と同様に、組織内で目標の連鎖をつくり、皆がその目標を実現するよう努めることです。目標の連鎖とは後で詳しく解説しますが、組織内には階層（ランクのこと。社長の下に部長、その下に課長等）がありますので、各自が自分の目標を実現すると、すぐ上の階層（つまり上司）の目標の実現につながり、最終的に組織全体の目標の実現につながるという関係のことを

いいます（①組織構造軸における環境目標斉合性）。2つめとして組織の目標は、業界全体や国の目標にリンクしている必要があります。また国の目標は世界の目標につながり、最終的に地球環境の機能を損なわないようにしなければなりません。これを目標斉合性の外部システム軸への拡張とよびます（②システム軸における環境目標斉合性）。3つめは企業活動は単に一時点に限って目標を達成してもあまり意味がありません。長期的に地球環境を改善していくことがなにより重要です。ここでは企業の長期的な目標の実現に向け、中期や短期という時間軸での取り組みが大事です。短期の目標の取り組みの成果が、企業の中期目標の達成につながり、中期の目標の積み重ねが長期の目標の実現につながる連鎖の関係が望ましいでしょう。こうした連鎖関係を③時間軸における環境目標斉合性とよびます。

8 まとめ：SDGs経営の定義

　前章で述べたように基本的に企業は経済中心のシステムですから、SDGsとの相性はそれほどよくありません。伝統的には社会や環境に悪影響を与えてでも自社の利益を優先しようとする風潮さえあったほどです。それを補う発想や実践がCSRです。しかし近年の日本の大企業は、日本経済自体が成熟化してしまったために、かつてのように規模だけを拡大するのではなく、ビジネスの仕方自体を捉え直し始めています。その動向の1つがCSVで、企業は社会問題や地球環境の価値を高めながら、自社の利益や競争力を向上させようとしています。これはSDGsの根本をなしており、環境マネジメント・コントロールの中心的な発想の1つです。つまりもともと相性のよくなかった企業とSDGsをつなぐ手段が、環境マネジメント・コントロール・システムです。

　そして環境マネジメント・コントロール・システムは、究極的に環境目標斉合性の向上を目指しています。環境目標斉合性とは、持続可能な地球、社会、組織の実現に向けて、個人や下位組織が自主的に行動しようとする性質

や傾向です。現在進んだ企業は、そのための仕組みをつくったり、その仕組みをうまく機能させたりする工夫をしなくても、メンバーが進んで社会や地球環境に配慮しながら活動してくれるよう期待しています。つまり環境マネジメント・コントロール・システムは環境目標斉合性の低い構成員に、それを高めてもらうことをねらいとしています。本書では**環境目標斉合性を高めるために、組織内に環境マネジメント・コントロール・システムを設計・活用する企業経営をSDGs経営とよぶことにします。**本書のStep2、Step4では環境マネジメント・コントロール・システムを構成する下位のシステム（サブ・システムとよびます）について、企業事例を交えて解説していきます。これらすべてのサブ・システムを企業内に導入しなければならないわけではありません。企業の実務担当者は、いずれが自社に適当かを判断して導入をご検討ください。次章ではソニーグループのSDGsに対する取り組みを事例に、環境マネジメント・コントロール・システムの上位構造について解説していきます。

引用文献

Porter, M.E. and M.R. Kramer. 2011. Creating Shared Value: How to Reinvent Capitalism and Unleash a Wave of Innovation and Growth. *Harvard Business Review.* 89（1/2）: 62-77.（ダイヤモンド社編集部訳. 2011.「経済的価値と社会的価値を同時実現する共通価値の戦略」『DIAMOND ハーバード・ビジネス・レビュー』36(6): 8-31.

加登豊・李建. 2011.『ライブラリ　ケースブック会計学5　ケースブック　コストマネジメント（第2版）』新世社.

國部克彦. 2015.「環境経営とCSR」鷲田豊明・青柳みどり編『シリーズ環境政策の新地平8 環境を担う人と組織』岩波書店: 12-33.

溝口一雄編著. 1987.『管理会計の基礎』中央経済社.

より深く学びたい人のために

①3本のCSVに関するオリジナル論文

a．DIAMOND ハーバード・ビジネス・レビュー編集部訳.2008.「競争優位のフィラン

　ソロフィー」『DIAMOND ハーバード・ビジネス・レビュー』28⑶.ダイヤモンド社 :24-52. (Porter, M. E. and M.R.Kramer. 2002. The Competitive Advantage of Corporate Philanthropy. *Harvard Business Review.* 80⑿:56-68.)

ｂ．DIAMOND ハーバード・ビジネス・レビュー編集部訳.2008.「競争優位のCSR戦略」『DIAMOND ハーバード・ビジネス・レビュー』33⑴.ダイヤモンド社:36-52. (Porter, M. E. and M.R.Kramer. 2006. Strategy and Society: The Link Between Competitive Advantage and Corporate Social Responsibility. *Harvard Business Review.* 84⑿:56-68.)

ｃ．DIAMOND ハーバード・ビジネス・レビュー編集部訳.2011.「経済的価値と社会的価値を同時実現する共通価値の戦略」『DIAMOND ハーバード・ビジネス・レビュー』36⑹.ダイヤモンド社:8-31. (Porter, M. E. and M.R.Kramer. 2011. Creating Shared Value: How to Reinvent Capitalism and Unleash a Wave of Innovation and Growth. *Harvard Business Review.* 89 (1/2):62-77.)

☞CSV を提唱した学者達による原典と日本語訳です。学生にもわかりやすいと好評です。

②安藤崇. 2020.『環境マネジメント・コントロール：善行の内省と環境コスト・マネジメント』中央経済社.

☞環境マネジメント・コントロールの専門書です。企業は社会環境問題に対して1. なぜ、2. どのように取り組むのかについて、理論と実践の両面からこたえようとしています。

第**3**章

環境マネジメント・コントロール・システムの上位構造

―ソニーグループの事例―

本章のねらい

1 中長期の環境計画と年次の環境マネジメント・コントロール・システムは相互に関係しています。

2 中期環境計画は環境戦略として実質的な企業活動の基盤をなします。

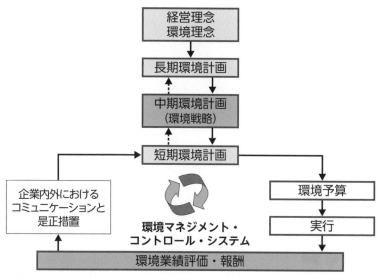

（＊上図は本章の内容を図示したものです（以下の章も同様です）。実線は規制関係、点線は影響関係が始点から終点におよぶことを表しています）

トレンドニュース

ガス業界、脱炭素へ水素シフト

　日本ガス協会は、ガス業界として2050年に温暖化ガス排出を実質ゼロにする「カーボン・ニュートラル」を宣言した。企業単体での実質ゼロはこれまでもあったが、業界団体としては珍しい。水素を利用したガスの脱炭素化を軸に、実現に向けた青写真を描く。ガス会社は化石燃料を使い、二酸化炭素（CO_2）を排出する。世界は脱炭素の流れにかじを切っており、業界への風当たりが増し、衰退することへの危機感がゼロ宣言の背景にある。

　日本ガス協会は東京ガスや大阪ガスなど約200社の事業者が加盟する団体だ。11月、温暖化ガスを出さないガスを用いる比率を30年に5〜20％、40年に30〜50％、50年に90〜100％とする方針を示した。10年ごとの数値目標を立てたのが特徴だ。21年度中に実行計画を策定する。

　日本ガス協会の広瀬道明会長は「確実に実行するため、進捗状況を細かく点検していく。」と話し、目標達成への強い決意を示した。目標達成のため、3つの具体策を示した。①技術革新によるガスの脱炭素化、②天然ガスシフトの徹底、③海外へのガス関連技術の移転による国際貢献だ。特に重視するのは、①に関連した水素を利用したガスの脱炭素化だ。業界では「カーボンニュートラル・メタン」という呼び名で普及を進める。

　50年実質ゼロに向かうまでを移行期と位置づける。この段階では燃料転換を促進していく。東京ガスなどは愛媛県新居浜市の液化天然ガス（LNG）基地から近接の向上への電力融通を22年から始める予定だ。温暖化ガス排出量を低減する燃料転換の代表例だ。まずは住友化学の工場内での転換から始めて、将来的には近接地域にも電力を供給する構想だ。

　広瀬会長は「エネルギーインフラを整備するには30年程度の時間が必要だ。国の脱炭素方針が示された以上、今から始めないと間に合わない。事業者の中には異論があるだろうが、協会としての方針を明確にすることが大事だ。」と宣言の意義を強調する。エネルギー業界では東京ガスやJERAが個社としての50年実質ゼロ目標を標榜している。ガス業界は業界団体としていち早く目標を示したことに加え、達成に向けた中期目標を明確にしたのは画期的だ。今後はガス会社が個別に目標を打ち出す動きも出てきそうだ。

■□記者の目□■（以下新聞記者：川口健史氏のコメントです。）

　日本ガス協会の宣言は数字や施策などを積み上げて作った計画ではなく、実は広瀬道明会長のトップダウンによるものだった。

　1日朝広瀬会長は菅義偉首相（現在は「元首相」以下同様）と会談した。菅首相は「業界（をまとめるのは）大変でしょう。」と脱炭素宣言について尋ねると、広瀬会長は「大変だが、不退転の決意で取り組みたい。」と応えた。

　<u>石炭に比べてガスは温暖化ガスの排出量が約半分</u>と<u>低炭素電源としての優位性はある。だが実質ゼロの世界では劣等生</u>だ。国の方針が明確になったことで30年後には、既存のガス事業から転換せざるを得なくなった。広瀬会長は強い危機感を持った。詳細な実行計画は2021年度には出てくる見通しだが、実現には課題も山積みだ。

　道険しの印象がぬぐえない上、協会主導という異例の取り組みで、広瀬会長を中心とする協会の統率力が問われそうだ。

（出所：『日経産業新聞』2020年12月15日）

1 はじめに：「時間軸での環境目標斉合性」について

　環境マネジメント・コントロール・システムは、１年間の（年次の）環境計画を実現するための仕組みです。実は計画の期間は年次だけでなく、それ以上の期間の計画もあります。SDGsはそもそも2030年までに達成すべき目標なので長期環境計画（10年レベル）ですし、中期（３年から５年レベル）のものもあります。この章では企業の長期から短期（年次）にわたる環境計画の関係と、これらの計画の実現に向けた方法の可能性を検討していくことにします。

　環境目標斉合性を高めるために３つの方法があることを第２章で学習しました。３つの方法とは(1)システムの次元、(2)時間軸の次元、(3)組織構造の次元でした。この章で学習するのは２つ目の方法です。環境目標斉合性は「持続可能性の考え方が企業構成員のマインドに十分に浸透し、具体的な行動に展開されている状態」を目指すものです。そしてそうした一人ひとりの具体的な行動が１つの組織の活動となり、何らかの成果をもたらすまでには時間がかかります。企業はそうした成果をもたらすまでのシナリオ（やシミュレーション）を短期から長期（もしくは逆に長期から短期）にわたって描くことが大事です。つまり短期の計画・目標の達成が中期のそれに貢献し、中期のそれらの実現が長期の企業目標の達成に結びつくことが求められます。こうした時間軸での目標の連鎖のことを「**時間軸における環境目標斉合性**」とよびます（図表3-1）。本章ではこの時間軸における環境目標斉合性を高めうる計画的な企業行動として、ソニーグループ（以下「ソニーG」）のSDGsに対する取り組みについて検討していきましょう。

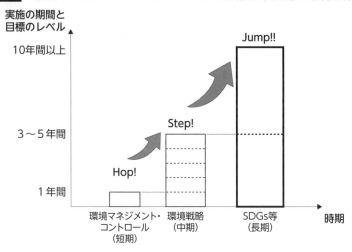

図表3-1 環境マネジメント・コントロールの目標と中長期の環境目標の関係

出所：筆者作成。

2 ベストプラクティス：ソニーグループの環境戦略

　ソニーGが計画的にSDGsやそれ以上長期の環境計画に取り組み始めた理由は、大きく2つあります。1つはそもそもソニーGには社会環境に対する貢献の風土が根付いていたということです。ソニーGはそもそも、構成員にとって働きやすい理想的な職場環境を実現することを最大のモットーとすることが、同社の「設立趣意書」に描かれています。この設立趣意書は、ソニーが設立された当初に創設者の井深大（いぶかまさる）氏らが起草したものです。ソニーGは先の大戦の敗戦後に創業しましたが、当時は優秀な技術者が十分に能力を発揮できるような環境はまだなかったでしょう。こうした中創業者たちは、「自由闊達にして愉快な工場」の建設を目指し、工場の工員たちも含めて理想的な職場環境の実現を目標としたのです。

　ただ自社の事業活動の状況が振るわない中、こうした社会環境への取り組

まずSDGs経営をどうとらえるか？

みはなかなか難しいといえます。目先の利益を出すことがまず現場には求められるからです。ソニーGは長年業績が厳しい状況でしたが、2021年度決算でついに1兆円以上の営業利益を出すことに成功しました。こうした資金的な余裕が出てきたという背景も近年のSDGsへの先進的で計画的な取り組みを促したといえそうです。

ソニーGの地球環境への体系的な取り組みは、2002年に始まりました。それから2010年まで、同社の実質的な環境への取り組みの中心は中期環境計画（環境戦略）でした。中期環境計画は同社では5年間という期間の目標で、計画が現状に合うようにも随時改訂されます。

2010年になって、同社はこれまで最も長期であった中期環境計画に加えて、10年間というより長期の期間目標を設定しました。これが「Road to Zero」とよばれる長期環境計画です（図表3-2）。Road to Zeroは取り組み分野によって内容は異なりますが、「実質的な環境負荷ゼロ」を掲げた全社レベルの2040年に向けた計画と目標を示しています。

一方同社には短期の環境計画（年次の環境計画）を実現する仕組みがありました。これが2001年から開始した環境マネジメント・コントロール・システムです。実質的には環境パフォーマンス指標にもとづく業績評価が2001

図表3-2　ソニーグループの環境計画の概要と特徴（2022年5月18日現在）

	計画名	計画概要	達成目標年度（策定年）	特徴
長期（10か年以上）	Road to Zero	ソニーグループの地球への環境負荷ゼロ	2040年度（2010年）	バリューチェーン全体でのカーボンニュートラルを目指す。ただし「環境負荷ゼロ」は各事業分野において同社独自の定義がある。
	RE100	再生エネルギー100％の達成	2030年度（2018年）	3つの手法（①自家発電、②再生エネルギーの購入、③証書の購入）で実現に向け活動中
中期（5か年）	GM2025	中期環境計画（5か年）	2025年度（2020年）	Road to Zero（長期環境計画）からバックキャスト方式で設定する環境戦略。年次の実施状況もふまえて改訂を行う。
年次（1か年）	環境マネジメント・コントロール	年次環境計画環境業績評価	毎年度末（2000年）	唯一経済面とむすびつけられた計画。中期目標達成をねらいとしつつも、現場の改善活動の状況をふまえて目標設定する。

注：本章で活用した参考文献の内容をふまえて筆者作成。なお「環境マネジメント・コントロール」は学術用語であり、必ずしもソニー社内の呼称ではない。

年から始まっています。<u>短期環境計画と中長期の環境計画が異なる最大の点は、金額と関連づけがなされるかどうかという点</u>です。他社でも中長期の環境計画ではその活動をいくらで実現すべきかについての制約（資金的な上限額）は示さないケースがほとんどです。ところが年次レベルの短期環境計画は、その環境計画や目標を1年間で一体いくらの金額で達成すべきかが具体的に示されます。

　これまでの一連の環境計画において、一貫して重要な役割を果たしているのは**中期環境計画（環境戦略）**です。長期環境計画が策定される以前（2010年以前）は、最長で実質的な活動計画・目標としての役割を、2010年以降は長期環境計画と短期環境計画をつなぐ「連結管」としての役割（つなぐ、調整する）を果たしています。

　詳しく述べると、ソニーGの中期環境計画は5年間にわたりますが、現場の現状や短期の環境計画の達成状況をふまえて、1年ごとに更新・改訂がなされます。一方で中期の目標の積み上げを長期の環境目標の達成につなげる必要がありますので、現場の状況が変わったからといって、短期レベルで簡単に目標値を甘くすることもできません。中期の目標は本来、長期目標からブレーク・ダウンする形で設定されます。しかし、現場の状況もふまえて柔軟に改訂も行われます。そうした意味で、中期環境計画は、長期環境計画と短期環境計画をつなぎ（調整し）、実質的に同社の環境戦略として、環境経営の中心的な役割を担っています。そして繰り返しになりますが、環境マネジメント・コントロール・システムは、そうした環境戦略の実現に向ける具体的な手段なのです。

3 ケースの分析：バックキャスト法とフォアキャスト法

　ソニーGの長期と短期の環境計画に対する取り組み方法は、それぞれ「バックキャスト法」と「フォアキャスト法」とよばれます。フォアキャスト法において目標値は、従来の自社のこれまでの実績値や技術をふまえて、実現

まずSDGs経営をどうとらえるか？

可能な範囲で設定されるケースが多いです。そして目標値を達成するための方法も、ある程度見込みが立ったうえで、あとは実行するだけといった取り組みがほとんどです。これに対してバックキャスト法は、長期的に挑戦的な目標を掲げ、その実現に向けて自分に何ができるかを模索する方法です。

これまで日本の環境目標や環境戦略への取り組みは、フォアキャスト法にもとづくことがほとんどでした。そもそも企業の地球環境問題への取り組みは自主的な活動ですが、自ら掲げた目標も達成することができないというのはおかしいという意識があったと思います。これまでの企業の社会環境への取り組みは、CSR（企業の社会的責任）として展開してきたので、「守り」重視の活動さえも守れないのはさらに社会からの信用を失うでしょう。そのため企業はいったん目標を掲げるからには、確実にその目標を達成させることがマスト（義務）と捉えがちだったといえるでしょう。

これまでの研究成果をふまえると、そもそもフォアキャスト法は、ある程度余裕のある状況を想定していたといえます。社会全体としても、企業が社会や地球環境に取り組み始めたのはよいことだというムードがありました。ただ現状はそうではありません。地球環境の機能の科学的（客観的）な分析・評価にかかわらず、社会全体としては喫緊に取り組むべき優先課題として見なされています。特に規模の大きな企業は進んで取り組むべき課題の1つとしての認識が共有されています。こうした企業にとってのいわゆる制約条件をきっかけにした取り組みでは、バックキャスト法の方が適しているとされています。こうした方法は根本的な発想の転換が求められることも多く、特に北欧諸国を発端として、エネルギー・環境問題への新しい取り組み方法として注目を浴びてきました。

取り組みの期間としては、バックキャスト法は長期で、フォアキャスト法は短期が多いです。設定する目標は、バックキャスト法は設定時点で確実な方法の見通しが必ずしもあるわけではなく、国家や世界の政策的な影響を受けやすい特徴があります。国が掲げる環境目標値を自社目標にも反映させるといった実践を指しています。自社のこれまでの取り組みの延長上に目標設

図表3-3 バックキャスト法とフォアキャスト法の特徴

	バックキャスト法	フォアキャスト法
①起点と目標の基点	**制約条件**	（過去や現在の） 自身の状況
②取り組みの期間	**長期**	**短期**
③目標の根拠	立案された政策	過去情報にもとづく 技術・経済的な予測
④目標の特性	野心的	現実的・蓋然性重視
⑤方法	事前の決定事項は少なく、 自由裁量度は高い	事前の決定事項が多く、 自由裁量度は低い
⑥取り組みの要点	発想の転換と 実効性の高い活動	継続的な改善活動
⑦活動の本質と 基本的な志向	取り組みの動機づけと 学習プロセス （プロセス志向）	確実な 目標達成 （結果志向）
⑧意思決定の類型と 組織階層レベル	戦略的決定 （トップ・レベル）	業務レベルの意思決定 （ロワー・レベル）

出所：Dreborg（1996）, Mulder and Biesiot（1998）, Holmberg and Robèrt（2000）等
をもとに筆者作成。

定をするわけではないのです。つまりどうしてもバックキャスト法で掲げた
目標はチャレンジング（野心的）な内容になりやすい傾向があります。これ
に対してフォアキャスト法は、設定した目標の根拠は、過去の自社の取り組
み状況や技術をふまえることが多いので、達成の可能性は高く、現実的に妥
当なものになりやすいといえます。そのため取り組み方も、フォアキャスト
法は事前の決定事項が多く、ケースバイケース（臨機応変）の対応が比較的
少ない傾向があります。要するにバックキャスト法は制約条件を起点とし、
野心的に設定された目標の達成に向けて、活動主体に発想の転換（イノベー
ション）を促す点が特徴です（プロセス志向）。一方でフォアキャスト法は、
確実な目標達成を何より重視し、現実的に妥当な目標を手堅く実現する結果
志向の強い方法といえます（図表3-3）。

4 まとめ

　ソニーGの事例を振り返りましょう。確かに理論的には長期で挑戦的な目標であるSDGsに対しては、バックキャスト法が適していることがわかりました。ただ同事例では、より現実的な実現可能性を高めるために、短期の環境計画ではフォアキャスト法も併用している点が特徴です。同グループ企業はそれだけでなく、長期の環境計画（バックキャスト法）と短期の環境計画（バックキャスト法）をつなぐ（調整する）役割として、中期環境計画（環境戦略）を機能させています。これまで同グループ企業では、中期環境計画が最長の環境計画でした。しかし国際社会の機運の高まりも受け、長期環境計画を設定しました。こうして中期環境計画は、最大の社会環境経営のビジョンとしての役割を長期に譲り、長期と短期を調整する役割を新たに担うことになったのです。ただ後の章でも述べますが、中期環境計画は単なる調整の役割に徹するだけではありません。むしろ実質的な環境マネジメントのビジョンと方針、計画と目標を示す最重要の構想としての役割を担っています。本書で解説する環境マネジメント・コントロール・システムは、この実現に向ける手段といってよいでしょう。いずれにしても、**ソニーGはSDGsに対して理論的に適合的なバックキャスト法だけでなく、現実性の高いフォアキャスト法を併用し、さらにこの2つの方法を調整するために、環境戦略（中期環境計画）を機能させていた**ということになります。

　厳密には2030年や2040年にならないと、ソニーGの方法が効果的なのかどうかを結果的（客観的）に判断することはできません。ただ2022年の5月に同グループ企業は、これまでの長期計画「Road to Zero」の目標年度2050年度を10年前倒しして、2040年度までに実現すると宣言しました。ここからも同社の取り組み方が、少なくとも現状では効果的と判断してよさそうです。

　バックキャスト法はかなり革新的な手法です。現場の社員に対してもさまざまなストレスを与えるものであることは確かです。しかし過去の延長線上

でしか考えず、何より伝統を重視してきた企業にとっては、創造的なアイディアや挑戦的な活動をもたらすチャンスかもしれません。それほど地球環境の現状に対する世界の危機感が高まっている証拠なのでしょう。

プラス1
脱炭素経営ランキングGX500・戦略を聞く

脱炭素経営ランキング「GX500」（GX：グリーン・トランスフォーメーションの略語）で高い評価を得た企業に今後の戦略を聞いた。オカムラは温暖化ガスの管理と削減実績で上位にランクされた。

オフィス家具大手の岡村は、自社の電力を再生可能エネルギー（以下「再エネ」）に切り替えている。企業が事業に使う電力を全て再エネでまかなうことを目指す国際企業連合「RE100」の基準改定を受け、現状大半を占める水力発電から新規の再エネに移行する必要性に迫られている。サステナビリティ推進部の関口政宏部長に対応策などを聞いた。

記　者：自社で排出する「スコープ1」と、エネルギー由来の「スコープ2」の
　　　　合計を2030年までに20年比で半減させる目標を掲げています。
関口氏：「21年の温暖化ガス排出量の実績は二酸化炭素（CO2）換算で約3万
　　　　3,000㌧と、基準とする20年から約2割減らすことができた。具体的には、
　　　　生産・物流の拠点の一部で使う電力を水力や太陽光などの再エネに切り替えた
　　　　ほか、家具を生産する工場で使う機器を省エネルギー型のものに新調した。」

　　　　「今後はさらに再生エネへの切り替えを進め、自家発電用の太陽光パネルを
　　　　工場に導入していく。社有車を電気自動車（EV）やハイブリッド車（HV）に
　　　　切り替えることも検討している。温暖化ガス排出量を30年までに半減、同50
　　　　年までにはゼロという中長期目標のみを掲げてきたが、これからは1年単位で
　　　　の短期目標の導入を検討し、カーボンゼロへの具体性を高めていきたい。」

（注：同社での中期目標の期間は本書のそれとは若干長さが異なります）
（出所：『日経産業新聞』2022年12月16日）

Exercise

1 ソニーGは2022年5月にこれまでの目標年度の2050年をさらに短縮して、10年前倒しで目標を達成することを宣言しました。こうした観点からも同社グループの取り組みは現状成功していると判断できそうです。本章の事例からあなたはどのような点に成功要因を見出すことができますか？　整理してみましょう。

2 プラス1の事例（オカムラ）のソニーGの事例との共通点と特徴点についてまとめましょう。

引用文献

Dreborg, K.H. 1996. Essence of Backcasting. *Futures*. 28: 813-828.

Holmberg, J. and Robèrt.K-H. 2000. Backcasting: A Framework for Strategic Planning. *International Journal of Sustainable Development and World Ecology*: 291-308.

Mulder, H.A.J. and Biesiot. W. 1998. *Transition to a Sustainable Society: A Backcasting Approach to Modelling Energy and Ecology*. Edward Elger. Cheltenham. U.K.

より深く学びたい人のために

①経営計画に関する本

a. 占部都美. 1968.『戦略的経営計画論』白桃書房.

b. 河野豊弘編. 1986.『長期経営計画の実例』同文舘出版.

 ☞少し出版年がさかのぼりますが、経営計画に関する良書です。占部（1968）が理論面、河野（1986）が実践面について詳しいです。

②杉山大志・若林雅代編著. 2013.『温暖化対策の自主的取り組み：日本企業はどう行動したか』エネルギーフォーラム.

 ☞企業のフォアキャスト法による環境経営の取り組みを調査した書物。近年の動向（バックキャスト法）は本章で学びましたが、これまでの動向（フォアキャスト法）についても同時に理解を深めましょう。

STEP 2

年次のサブ・システムを
つくる・使う

STEP 1 　STEP 2 　STEP 3

　年次で展開する環境マネジメント・コントロール・システムは4
つのサブ・システムからなります。それらは①環境予算管理システム、
②環境業績評価システム、③社会環境報酬システム、④外部環境・
内部環境マネジメント・コントロール・システムです。この4つの
サブ・システムは理想的には全てを設計し、活用する（つくる・使う）
ことが望ましいですが、自社のねらいに合わせて、単独もしくは複
数のみでも構いません。

　ステップ2では全てのサブ・システムの作り方と使い方について、
年次のサイクルの流れに沿って、最良事例（ベスト・プラクティス）
を交えながら解説していきます。

〈構成〉

- 第4章　環境予算管理システム―日産自動車の事例―
- 第5章　環境業績評価システム―パナソニックとキヤノンの事例―
- 第6章　社会環境報酬システム―オムロンの事例―
- 第7章　外部環境マネジメント・コントロール・システム
　　　　　―日本の先進企業3社の事例―
- 第8章　内部環境マネジメント・コントロール・システム
　　　　　―キヤノンの事例―
- 第9章　企業内外の環境マネジメント・コントロール・システムの統合
　　　　　―大和ハウスの事例―

第**4**章

環境予算管理システム
―日産自動車の事例―

本章のねらい

1 予算は経営戦略を実現する手段です。
2 予算には大きく２つのタイプがあります。
3 資本予算にもとづく環境設備投資は環境負荷を大きく削減させます

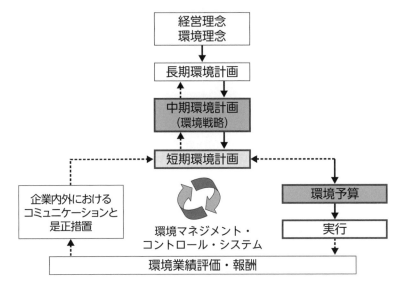

（上図の矢印実線は直接の影響、点線は間接の影響を表します）

トレンドニュース

環境省による中小企業等の環境設備投資支援事業

　環境省は令和3年度補正予算案として、「グリーンリカバリーの実現に向けた中小企業等のCO_2削減比例型設備投資導入支援事業」を作成しました。この事業のねらいは、コロナ禍を乗り越えて脱炭素に取り組む中小企業等に対し、CO_2削減量に応じた省CO_2型設備投資等の導入を加速することで、企業の新たな設備投資を下支えし、電化・燃料転換等も促進しながら、わが国の持続可能で脱炭素な方向の復興（グリーンリカバリー）を促進し、コロナ前のCO_2排出量のリバウンド回避をしたうえでの、力強くグリーンな経済社会への移行の実現にあります。

　具体的な事業内容は、以下の(A)と(B)のうち、いずれか低い額の補助を行います。(A)は、年間CO_2削減量×法定耐用年数×5,000（円）/tCO_2（円）であり、(B)は総事業費の半額（円）です。事業の流れは(1)応募、(2)CO_2削減余地診断、(3)設備の導入です。応募にあたってはCO_2削減余地の事前診断を実施する診断機関を選定し、診断の範囲や計測対象などを明確にして見積もり（2者以上）を受けてください。主な補助対象設備は、①空調機、②給湯器、③冷凍冷蔵機器、④ボイラ、⑤省CO_2型換気、⑥EMS（環境マネジメント・システム）です。

図表4-1　環境省による支援事業の流れ

　導入事業については、申請した年間 CO_2 削減量を本事業完了後の翌年度に計画どおりに達成することができなかった場合、本事業で導入した設備を対象とした運用改善等により、CO_2 排出量の一層の削減を図ったうえで、再生可能エネルギー由来の電気への切り替えや、クレジットの購入等が必要となります。

（出所：環境省HP：https://www.env.go.jp/press/110709.html［最終閲覧日：2022年6月13日］を参照）

1 はじめに

　みなさんは小学生の時、夏休みになると遊びの計画を立てた人もいるでしょう。ただ宿題の計画も立てないと、夏休みの終わりに苦労したことも多かったと思います。このように期間となすべきことがあらかじめ決まってしまっている時には、人間は計画を立てることが大事であることがわかります。

　企業も同じです。企業は1年間の成績（業績）を利益や売上高、市場シェア等の経済的な成果で評価されることが多いです。最近はA社の業績が伸びているが、B社は振るわないなどです。企業は1年間でどれだけの資源を活用して、どれだけの利益を出すのかをあらかじめ見積もりを立てることが多いです。そうでなければ場当たり的な経営になってしまうでしょう。第3章（ソニー）のケースで見たように、3年間（中期）やそれ以上の期間の企業の計画（長期）は、「市場のトップシェアを獲得する」というように、通常将来のあるべき姿を文章の形式で表します。ただ1年間の活動計画はもっと具体的で、「そうした活動計画を一体いくらで達成するか？」という目標の金額もあわせて計画を立てることが多いです。これを**予算**とよびます。特に本章では、SDGs経営に関わる予算のことを**環境予算**とよぶことにします。

　企業が環境負荷を急激に落とすには、日々の改善活動より、工場等で環境に配慮した生産設備を新たに導入することの方がさらに有効です。そうした活動を設備投資とよびますが、設備投資には企業全体の予算が大きく関係してきます。本章ではこうした実践や展開について、日産自動車（以下「日産」と表記）の先進事例を検討していくことにしましょう。

2 ベスト・プラクティス：日産自動車の環境予算制度と設備投資

　日産は2016年を目標に2005年度比CO_2排出量を20％削減する環境戦略を

掲げました[1]。本事例はその成功を導くプロセスを予算制度の活用を中心に叙述するものです。同社には従来からCO_2削減に向ける省エネの診断を行うチーム「NESCO（Nissan Energy Saving Collaboration）：ネスコ」が組織化されていました。同組織は国内外の生産拠点（工場）で省エネ診断を実施し、運用改善とともに設備投資を伴う提案をしてきました。**環境配慮型の設備投資は大幅な省エネ効果により、長期的には工場全体の運用コストを削減することができる**のです。ただ短期的に見れば環境性能を付加させているためコスト高になり、投資対効果で他の案件に不利なことが多くありました。そのため同社内ではいくら環境に配慮した案件であっても、案件自体が採択されにくいという問題がありました。しかしトップは環境戦略を実現させる必要がありました。そこで環境戦略を達成するための予算を、本社で一括計上することにしました。いわゆる環境設備投資に関わる資本予算の編成です。

次に本社はCO_2削減やコスト削減効果の高い案件をリストアップし、それぞれの対策について生産拠点（工場）からより投資効率の高い代替案を募集しました。こうしてより投資額が少なく、回収も早い代替案を提示した拠点順に枠一杯になるまで予算配分していきました。**要するに省エネに関する予算を経済原理に従って配分していった**ということです。多くの拠点が予算獲得に向けて懸命に取り組んだため、予算配分からもれた拠点から本社へ問い合わせが相次ぎました。これ以降本社が募集をかけるときには、投資額や回収期間がどの程度の案件が何件採用されたのかという従来の実績を示して、工場に納得してもらうように努めました。

一方で優良事例は「インターナル・ベンチマーキング」を通して、知見を拠点間で共有させていきました。同社は品質やコスト構造の改善等に関してもこのベンチマーキングを通して世界各地の生産拠点間で有効な対策とその成果を競っています。グローバル本社はこれを集約し、拠点間での国際比較を行い、優良事例は「日産生産方式（NPW：Nissan Production Way）」に反映させて世界中に水平展開しています。このようにして各拠点のモチベーショ

---

(1) 本節の以下の内容は特に断りのない限り岸（2017）をふまえています。

ンを高めると同時に、拠点間のコミュニケーションを活性化させようとしました。

　このように本社は、一定の環境パフォーマンスを前提として、各拠点に投資効率性の向上（投資額と回収期間の圧縮）に向けて動機づけました。例えば工場内で活用されていなかった排熱を加温や保温が必要な設備で有効利用する「排熱利用」という対策があげられます。ある工場はより少ない投資でこれを実施するために、排熱を送る配管の長さを少しでも短くするように経路の変更を行いました。またこの配管の太さや材質を替えて、材料費や工事費用を抑制する事例も見られました。最終的に運用改善を含めた省エネに関するコスト削減額が、2016年度は2010年度比で約12倍を達成しました。

　こうして同社の省エネに関わる設備の投資効率性（投資対効果）はますます改善していきました。そして同社はこの環境戦略を2年前倒しの2014年に達成することに成功しました。その後も年々応募の件数が増え、投資効率性の高い案件が続出しています。こうした動向を反映して、同社は2017年度時点で、資本予算原資額を制度開始当初の約3倍に拡大させました。こうして一定の環境パフォーマンスをふまえた投資効率性の高い案件と予算獲得をめぐって、現在も同社内では企業内における競争が日々展開されています。

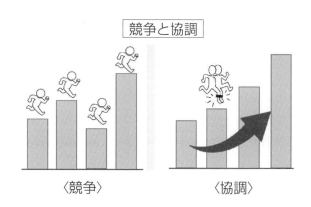

競争と協調

〈競争〉　　　　〈協調〉

3 予算とは何か？

　環境予算について検討する前に、予算の基礎知識をおさらいしておきましょう。予算には2つのタイプがあり（(1)）、それぞれの制度がどのような役割（機能）を果たしているのか（(2)）について先行研究を再検討しましょう。

(1) 2つの予算

　マネジメント・コントロールを会計学で初めて提唱した**アンソニー**は、『マネジメント・コントロール・システムズ』というテキストをゴビンダラジャンという学者と執筆し、もう何度も版を重ねています。そのテキストで彼らは**予算**には2つのタイプがあるとしています。

　1つは大企業は通常複数の事業部を持っていますが、それぞれの事業部の年次予算（予算管理システム）で、もう1つは企業全体の**資本予算**（設備投資を含む）です。**設備投資**とは、工場のベルトコンベヤー方式の生産システムを、CO_2の出にくい新しいタイプに替えてしまう等の活動を想定してください。設備投資の計画は通常資本予算レベルで検討されますが、資本予算は企業全体の予算ですから事業部の年次の予算とは別個に編成されます。企業は年次の予算で事業部が達成不可能と判断した時は、資本予算の活用を検討し始めます。ただ資本予算も原資に限りがあるので、各事業部から上申されてきた案件を総合的に検討することになります。認可される案件もあれば、却下されるものや規模を縮小して認められるもの、延期されるものまでさまざまです。資本予算は戦略的計画の一部として進められます。これに対して、事業部の**年次予算**は部門のマネジメント・コントロール・システムの一部です。これは予算管理として事業部やそれを構成する部門間の計画や調整、統制の手段として機能します。要するに経営戦略と資本予算、マネジメント・コントロール・システムと年次予算は以下のような関係を持つとされています（図表4-2）。

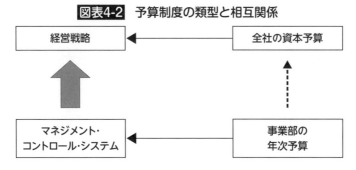

図表4-2 予算制度の類型と相互関係

注：矢印の終点・始点は目的・手段関係を示している。
出所：Anthony and Govindarajan（2007）をふまえて筆者作成。

つまり企業全体レベルの資本予算は経営戦略の実現に向ける手段であり、事業部レベルの年次予算は**マネジメント・コントロール**の手段です。またマネジメント・コントロール・システムはそもそも経営戦略を実現するための手段の1つです。要するに経営戦略を実現するために2つのタイプの予算が果たす役割は重要です。ではこうした予算はどういった主体によってどのように展開されていくのでしょうか。

（2） 2つの予算制度の機能：先行研究の再検討を通して

Marsh et al.（1988）は、資本予算は企業全体の戦略的な意思決定にもかかわらず、トップは必ずしも現場の事情に精通しているわけではない点に問題意識を抱いていました。そしてこのジレンマを克服する取り組みとして資本予算のプロセスに着目し、3つのイギリス企業の事例研究をふまえて、資本予算の4つの主要な構成要素について分析しました。それらは①公式的な計画、②資本予算システム、③トップの直接的な介入、④組織的コンテクストのコントロールです。

結局Marsh et al.（1988）は、**投資意思決定**は今後企業が進むべき方向性の選択肢を提示するものであり、投資案が採択されるかどうかはもちろん運もありますが、トップも含めどういったマネジャが関わるかという**今後の企業**

の構造自体を決定するものと結論づけています。

　一方、堀井（2015）は不確実性の高い市場環境のもとで、予算管理システムが果たす役割について株式会社バッファローを事例に具体的な検討をしています。同社の予算管理は従来型の実績評価といったフィードバック形式ではなく、将来志向的なフィードフォワード形式であるという特徴をまず指摘しています。フィードバックとは、活動の結果を活動の主体に伝えることによって、以降の主体の行動の是正に役立ててもらう機能をいいます。基本的なマネジメント・コントロール・システムの役立ちは、第2章で解説したようにこちらをねらいとします。ただ、環境変化が激しい企業においては、こうした機能はあまり役立たないこともあります。活動主体に過去の活動主体を報告したところで、すでに環境はガラッと変化してしまい、参考にならないことも多いからです。

　そこでフィードフォワード形式に着目したのが、堀井氏の理論です。堀井氏は予算管理システムの将来的な主体の行動に与える影響（フィードフォワード）に着目しました。事例企業であるバッファローでは環境変化が起ころうとも予算目標はまず変更せず、環境変化に対してはロードマップ（RM）というツールの更新によって具体的な対応が検討されていました。実際同社においては予算目標達成のプレッシャーは非常に強く、事業部も予算達成に向ける意識は高いといえます。予算にもとづいて事業部目標が設定され、その達成度は半年に一度業績評価されるからです。

　RMは予算管理システムとともに事業部をコントロールする手段の1つです。RMは製品ポートフォリオを具体的に示したもので、毎月トップを中心に構成される事業戦略会議で承認を受け、現実的に適合的なものに更新されます。そして予算目標は現行のRMの総合的な結果ではなく、よりストレッチな（厳しい）水準に設定されます。そのため、想定以上（外）の環境の変化が起こったり、そうした変化が起こったりしなくても、何らかの製品イノベーションをもたらすことが事業部に常に求められる仕組みとなっています。要するにこの実践のポイントは、事業部にとって予算目標は必達であるため、その

実現に向ける部内のテンションの高まりにともなって、イノベーションが創発されやすい仕組みになっているということです。

　こうした一種の緊張関係をダイレクトに部門が受け止める場合もあります。ただ本章で扱う全社的な環境戦略は社会的かつ組織的な課題であるため、本社や部門間の協調的なやりとりの中で実現していく特徴を持っています。ただ協調的とはいえトップは必ずしもこれまでの方針や論理を根本から変更するわけではありません。ここにこそ企業（および企業活動）の本質を捉えることができるでしょう。

4 ケースの分析：環境戦略実現に向ける予算実践の論理

　ここから日産の環境戦略実現に向けた予算実践の論理を分析しましょう。まずは(1)で事例を先行研究と比較分析し、環境版の予算実践における独自性と新規性を明らかにしましょう。(2)では日産の同活動の論理を①評価方法、②組織内の展開プロセスの両面から明らかにしていくことにします。

(1) 環境予算実践の独自性と新規性

　日産自動車のケースで評価段階は３段階にわかれていました。第１段階ではトップがまず環境面やコスト面で削減効果の高い活動をリストアップしました。第２段階は第１段階で作成したリストのテーマに関して、一定の環境パフォーマンスを前提に経済性のより優れた案件を生産拠点から募りました。第３段階は第２段階で寄せられた案件を環境・経済両面で評価し、予算枠がいっぱいになるまで優れた案件順に予算を配分しました。こうした点からも、通常の経済面のみの投資案件の評価より、多面的な（多くの面からの）評価体系となっていることがわかります。さらに注目すべき点は、経済面の審査をあらゆる段階にわたって展開している点です。１段階目はトップがさまざまな情報を収集して現場の動向や課題を整理し、トップ主導で一定の水準を定めています。第２段階は、そうした状況や動向、そして一定の環境・経済性

能をふまえて、両面からの評価を本格的に始めています。第3段階では環境・経済両面において優れたパフォーマンスの案件を評価し、高い順に予算配分を展開しています。このように事例企業は経済面での評価をかなり丁寧に展開していることがわかります。

　地球環境問題は一企業が短期的に取り組んですぐに成果の出る課題ではありません。多くの主体が長期的に根強く取り組むことが求められています。こうした課題に対しては、さまざまな主体がいろいろな知識や技術を持ち寄って、協働することも一方で重要です。事例企業は全社的で戦略的な課題に対して、企業内部門間の境界を越えた取り組みを促そうとしました（具体的にはインターナル・ベンチマーキングを通して）。ただこうした協働活動は成果や責任の所在をあいまいにするケースもあります。ここで同社はあくまで企業の根本原理を追究・重視し、徹底させるために、あらゆる段階で経済評価を導入して経済原理の重要性を強調したといえます。つまり「**本質から外れれば外れるほど、本質を重視した**」といえます。

　次に先行研究との比較検討から、環境予算実践の独自性と新規性を分析することにしましょう。Marsh et al.（1988）の問題意識は本研究においても重要なテーマとして共通していました。つまり資本予算の意思決定は経営戦略（環境戦略）と大きく関わるため、トップが関わるべき重要な課題であるにもかかわらず、現場の実態はトップに十分理解されているとは限らないということです。同社はこうした課題について、現場からよりよい案件を提示させるためにランキング方式を採用していました。しかも本事例は環境設備投資と関わるため、通常の経済面での評価のみならず環境面での評価も同時に展開させていました。Marsh et al.（1988）は設備投資意思決定は「以降の企業の構造自体を決定するもの」と位置づけましたが、この点については次項でさらに深く本事例の論理を検討していくことにしましょう。

(2) 環境予算実践の論理

　本社は各拠点の環境設備投資実践の効率性を高めるために、各部門に「競

図表4-3 環境予算実践の原理と展開

	競争	協調
おもなねらい	効率性の追求	戦略の伝播と浸透
目的	企業間における 競争優位性の獲得	企業内部門間での コミュニケーション活性化 による全社的目標の達成
システム設計の頻度	日常的 (オペレーショナル・ コントロール)	非日常的 (経営戦略)
主に対象とする システム	公式システム	非公式システム
具体的な手段	インターナル・ ベンチマーキング	環境資本予算の 実施と展開
ねらいとする イノベーションの類型	インクリメンタル・ イノベーション (仕組みの中の改善)	ラディカル・ イノベーション (仕組み自体の改善)

◎「競争」と「協調」

出所：筆者作成。

争」と「協調」の同時展開を目指すよう促しています。この環境予算実践の
原理をまとめたのが、図表4-3です。

　競争原理とはエコ・エフィシェンシーの高い順に、予算配分を行うという
ことです。エコ・エフィシェンシーとは環境効率性をさし、経済的な投資や
コスト対環境パフォーマンスの効率性を意味します。つまりそのねらいは最
小の経済性（コストや投資）で最大の環境性（環境パフォーマンス）をもたらす
点にあります。一方、ここでの協調行動のねらいは「戦略の伝播と浸透」に
あります。「戦略の伝播」とは資本予算を展開することによって、そもそも
の環境戦略実現に向けて、組織が動き出しているということ（メッセージ）
を伝えるということです。これまで述べてきたように資本予算はトップが大
きく関わっています。企業全体として、環境戦略に取り組むことの重要性を、
この資本予算を展開することにより、実質的に伝えようとしているのです。
環境資本予算の実施やインターナル・ベンチマーキングの展開をきっかけと
してもたらされます。そして、一方で「戦略の浸透」とは、①優良事例を広

く企業内に共有させると同時に、社内コミュニケーションの活性化を通じて、②企業全体に環境への取り組みの文化を醸成する（ムードを高める）ことを意味します。

　同社トップは環境戦略を実現させるために、環境面においても部門間の競争原理を活用しようとしました。ただ事業部間の競争において、環境評価は多くの競争の軸の1つとするのは時期が早かったようです。おそらく当時の同社内では、まだ環境が経営を構成する重要な要素の1つと、現場には十分認識されていなかったといえます。ただ同社トップはいったん戦略的課題としてあげて社会に公表してしまった以上、環境戦略を実現させる必要がありました。そのためこの課題はいったんトップ・レベルの課題とし、年次の予算ではなく資本予算制度で展開させることにしたのです。堀井（2015）のバッファローの事例では予算は必達であったため、タイトな条件や環境が同社にイノベーションをもたらしていました。ただ本事例は日常の継続的な予算内の改善活動（マネジメント・コントロールの手段としての予算管理）で目標達成できない場合は、いったんトップの課題とし、資本予算制度の競争原理にもとづいた活用によって環境戦略を実現するという活動の有効性を示しています。

5 まとめ

　確かに競争戦略論ではポーターらの主張するように、厳しい環境や条件が企業のイノベーションを誘発させる論調も多いです（Porter and Linde 1995等）。ただ実際人間や社会集団・組織は、そうしたテンション（緊張）から逃げたいと思う面もあるでしょう。ただ企業側としてはそうした性質や活動を認め続けると、そもそもの企業目標や環境戦略の実現が困難になってしまいます。事例企業はそうした下位組織の要請をいったんは受け入れながらも、やはり最終的には生産拠点間の取り組みにあくまで競争原理を採用し、戦略の効率的な実現に向けて各拠点に取り組みを動機づけていました。ここからも企業

が下位組織をコントロールする原理として、「競争原理（経済原理）」を確認することができます。<u>一方、環境戦略の実現には「協調」的な社内部門間における活動の重要性も確認することができました。</u>例えば環境資本予算を開始したのも、現場とトップのコミュニケーションのうえで成り立ったことですし、インターナル・ベンチマーキング等も、ベスト・プラクティスの探索に向けた部門間の活発なやり取りが基本になっています。いずれにしても主体間のコミュニケーションが重要な役割を果たしていました。このように日産のトップは、単に予算目標を強制的かつ一方的に部門に課すのではなく、コミュニケーションを重視して協調原理も活用しながら下位組織を巧みにコントロールしていることが明らかになりました。<u>つまり環境戦略（環境予算）とは「環境」という協調的な原理と、「戦略」という競争的な原理の調和を重視した、極めて企業活動の本質に根差した実践なのです。</u>

要するに日産の事例分析から、**企業の環境戦略実現のプロセスは「競争」と「協調」の体系的な展開であり、投資案の評価方法はエコ・エフィシェンシー評価である**ことが明らかになりました。そして実現に向けるプロセスにおいては、トップとロワーのマネジャ間、ロワー・マネジャ同士のコミュニケーションが重要な活動であることもわかりました。

本章では、企業の環境戦略の中でもこれまでの典型的な取り組みとして、自社の一時点における排出物・廃棄物の排出量を基準として、特定年度までに一定割合以内に排出量をおさえる活動を取り上げました。これを**フォアキ**

【フォアキャスト法】　　　【バックキャスト法】

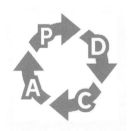

ャスト法とよびます。ただ近年パリ協定を背景として、脱炭素化（カーボン・ニュートラル）やRE100（再生エネルギー100％）に向けて企業が動き始めています。これはかなり長期にわたる挑戦的な環境目標への取り組みであり、これまでの取り組みとは異質です。本章の取り組みはフォア・キャストであったのに対し、こうした新しい取り組みはバックキャスト方式（先に将来目標を設定し、その達成に向ける画期的な考え方や方法を模索し続ける方式）という点です。バックキャスト法に関しては、第2章で詳しく検討しましたのでぜひソニーGと日産の事例を比較・検討してみてください。

プラス1

日立のインターナルカーボンプライシング（HICP）制度

日立は事業所（工場やオフィス）におけるCO₂削減を促進するため、2019年度から必要な設備投資にインセンティブを与える「日立インターナルカーボンプライシング（HICP）」制度の運用をしています。

HICP制度は工場やオフィスでの設備投資によるCO₂削減量を見える化し、これまでの判断の延長線上の投資に、省エネルギーなど脱炭素を促進する新たな設備投資を促し、効果的にCO₂削減を実現することを目的とした社内システムです。具体的にはグローバルの排出権取引や炭素税などを参考に、社内炭素価格を設定し、脱炭素設備投資によるCO₂削減量の効果を金額換算し、エネルギー削減量の効果に上乗せして投資効果を評価する等、インセンティブを与えることでCO₂削減のための設備投資をさらに拡大することをねらっています。

HICP制度の導入は気候変動問題の深刻化に伴い、将来発生する炭素税負担増加や、新たな排出権取引などのリスクを設備投資決定の中にあらかじめ取り込み、脱炭素設備投資への優先順位を上げるとともに、将来の気候変動によるリスクを最小限に抑え、レジリエンスを強めることにもつながると考えています。

（注：インターナルカーボンプライシング：社内で自主的に投資判断やリスクマネジメントを行うため、炭素発生量または削減炭素量に価格付けを行う仕組み）

（出所：『日立サステナビリティレポート2021』44-45頁）

Exercise

1　2章（ソニー）と本章（日産）の事例を比べて、フォアキャスト法と
　　バックキャスト法の違いについてまとめなさい。

2　本章では環境予算実践について見てきましたが、多くの企業では依然
　　として特に環境予算を別立てにしない企業も多いのも実際です（他の
　　活動項目と一緒に含められている）。つまり環境に関する活動は事前に
　　は予算として計上しないにもかかわらず、事後的にはその取り組み成
　　果も含めて業績評価し、それに見合った報酬を与えて構成員を動機づ
　　けていることになります。このように期首に別立てで環境の予算を組
　　まないことのメリットについても考えてみましょう。

引用文献

Anthony, R.N. and Govindarajan. V. 2007. *Management Control Systems* 12th.McGraw Hill.

Marsh. P., P. Barwise., K. Thomas. and R. Wensley. 1988. Managing Strategic Investment Decisions. Pettigrew. A.M. edit. *Competitiveness and the Management Process*. Basil Blackwell.

Porter, M.E. and C. van der Linde. 1995. Toward a New Conception of the Environment-Competitiveness Relationship. *Journal of Economic Perspectives*. 9(4): 97-118.

岸雄治. 2017.「NISSANが挑むCO₂ゼロ工場　予算の確保と配分：社内コンペで知恵を引き出す　省エネの投資対効果高める」『日経エコロジー』217（7月号）：78-79.

堀井悟志. 2015.『戦略経営における予算管理』中央経済社.

より深く学びたい人のために

①Anthony, R.N. and Govindarajyan.V. (2007) *Management Control Systems* 12th.McGraw Hill.
　☞マネジメント・コントロールのテキストです。すでに10回以上にわたって改訂され、世界中の人々に読まれています。

②堀井悟志. 2015.『戦略経営における予算管理』中央経済社.
　☞事後評価の基準としてではなく（フィードバック管理）、イノベーションを創発させる仕組みとしての予算の機能（フィードフォワード管理）について、企業事例をもとに検討しています。

第**5**章

環境業績評価システム
―パナソニックとキヤノンの事例―

本章のねらい

1　環境業績評価は環境マネジメント・コントロール・システムの中枢です。

2　業績評価は構成員の行動に実際に大きな影響を与えます。

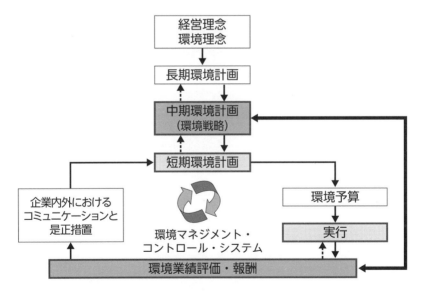

（＊上図の太い両矢印は相互影響関係を表しています。）

トレンドニュース

経営目標に「出前授業数」：オガワエコノス、環境教育に貢献

　ゴミ処理のオガワエコノス（広島県府中市）がSDGsに対応した経営を強化している。小学校などへの出前授業の回数を経営目標の一つとし、積極的に環境教育や情報開示に取り組む。自社の事業への理解を深めてもらうことで、持続的な成長を目指す。

　「ごみはどうして解体するんだっけ？」「リサイクル」。6月中旬、府中市府中学園の小学4年生のクラスで、オガワエコノスの社員が講師となりリサイクルについて学ぶ出前授業が開かれていた。同社は2013年から出前授業を通じて地域の子供たちに環境配慮の大切さを伝えている。出前授業は新型コロナウイルス禍前は年5回程度だったが、22年度は16回開く予定だ。26年度には23回まで増やす。

　40年前から続くごみ処理工場の見学など他のイベントでも開催目標を設定する。情報開示にも積極的で、処理した廃棄物の量やリサイクル率などを独自のSDGsレポート冊子に掲載している。同社が環境教育や情報開示に熱心な理由について、小川勲会長は「地域社会や地球環境のためになることに取り組もうという意識を持てば、結果的に事業を広げられる」と説明する。

　同社は1952年の創業で、元は汚水処理事業だけだったが、40年ほど前に小川会長が社会の環境への関心の高まりに応じ、他社に先駆けてごみ処理やリサイクル事業を広げてきた。22年3月期の単体売上高は前の期比1割増しの約40億円だった。出前事業などを通じて地域住民の環境意識が高まれば、自社の事業への理解やニーズも高まるので、結果的に収益にもプラスになる。SDGsはボランティア的な慈善事業ではなく、本業を通じた社会課題の解決を目指すものとされる。同社は事業拡大を通じて理念を身をもって学んだ。

　地域への発信は採用にも生きる。小川会長は「ごみ処理はきつい仕事とのイメージが先行しているが、社会に必要な業種だ。情報発信することでよい人材が集まってくる。」と話す。イベントに参加した子供たちが大人になって入社する例もある。以前は苦戦することもあった高校生の採用も近年は計画通りに進んでいるという。

　22年3月には広島銀行からサステナビリティ・リンク・ローンとして、

１億円の融資を受けた。同融資はSDGs経営を推進するために関連する事業に用途を定めたもので、同行による第１号案件だった。オガワエコノスは環境教育や広島県福山市に建設中の新工場の整備に資金を用いている。新工場はプラスチックなどの廃棄物から燃料化できる部分を取り出す作業を担う。出前事業の回数はこの融資の条件にもなっている。同社の積極姿勢が収益の長期的な成長にむすびつくかが注目される。

（出所：『日経産業新聞』2022年7月5日）

1 はじめに

　SDGsの描く世界ではないですが、誰もがもちろん平和を望んでいます。しかしこの世界に争いが絶えないのはなぜでしょうか？　その理由の１つに「競争」があります。多くのみなさんは受験勉強を経験して大学に入学してきたと思います。推薦入試で合格した人も、学校の成績をよくキープしなければ大学に入ることはできなかったはずです。受験戦争といった言葉もありますが、この世界には他の人や組織に勝たなければ、自分の望む状態にはならない状況が、現実問題としてたくさんあります。

　大企業の中には自社内に多くの事業部を持つものもあります。例えば事業部制を日本で最初に導入したパナソニックは、現在本社に８つの下位の組織を持ちます。同社は総合電機メーカーとしてこれからも活動を続けていくようですが、同社のこれまでの強みはこの事業部同士の競争をもたらす仕組みにあったといわれています。ある事業部が「うちの最大の敵は、ソニーでも日立でもなく、隣の事業部だ」といったことは有名な話です。

　これまで大企業の本社は、多くの事業部をその１年の活動成果を会計数値で評価してきました。そして企業内部で多くの事業部を競争させることによって、企業全体の成長を促してきました。みなさんは学校ではテストの成績

で評価されますが、事業部は会社から「業績」で評価されます。こうした実践を**業績評価**とよびます。

これまで実際業績評価といえば、会計数値で評価されることが多かったのですが、近年会計数値以外（非財務的な面）からも業績評価する実践が見られます。それは基本的に会計数値は過去の情報であるため、将来の業績をよりよくするためには向いていなかったり、結果だけでは取り組みのプロセスを評価したり改善できなかったりするといった課題を反映するものが多いようです。

さらに日本では早い企業で2000年ごろから、事業部の環境問題に対する取り組みの成果を業績評価にも反映させようという実践が見られ始めました。これを「**環境業績評価**」とよびます。ソニーや大阪ガス、キヤノン、パナソニックといった企業です。本章ではこうした実践が、どのように展開してきたかを検討していくことにしましょう。

2 ベスト・プラクティス：パナソニックとキヤノンの環境業績評価の展開

パナソニックとキヤノンはともに2001年度から環境業績評価を開始しています。環境業績評価とは、事業部の業績をはかるいくつかの指標（売上高や利益率等）の体系（システム）の中に、環境への取り組みの成果を測る指標を導入するものです。このねらいは社会や環境に配慮した経営を実現することにあります。両社は日本企業の中でもこのシステムの設計と活用において、最も構造的な変化をとげた企業です。

パナソニックは、主に環境戦略の実現のために環境業績評価を導入しました。同社はエコアイディア戦略（同社における環境戦略の呼称）を実現すると社会に公表しました。同戦略の中心的な内容は、「2009年までに2006年度比で、CO_2を30万トン削減させる」という内容でした。そしてその実現に向けて、企業内の構成員を動機づけるために、環境業績評価を始めました。結果的に目標年度を1年前倒しして、同社はエコアイディア戦略の実現を成

功させています。同社は構成員への動機づけの一環として、2008年からCO_2の減らし方で年間の従業員賃金額が変わる業績連動型賃金制度も同時展開しました。

　これに対してキヤノンは、導入当初は社会へ環境への取り組み成果の公表を行っていたものの、次第に自社内での取り組み（改善活動）を促進させるという点に重点を移し始めました。同社の事業部は元々競争意識が強いため、環境業績評価結果もすぐに差が小さくなってしまいます。こうした実態をふまえて、評価すること自体がもたらす社内の緊張感・競争意欲を重視し、現在まで20年以上にわたり環境業績評価を継続的に行っています。

　つまりパナソニックの実践は企業外部志向であり、キヤノンの実践は企業内部志向といえます。パナソニック以外にもソニーやリコーも同様に、外部公表用ツール（統合報告書等）において多くの環境負荷物質ごとに数値目標を掲げ、その目標達成に向けて環境業績評価を活用しています。ただここでパナソニックが特徴的なのは、CO_2を環境戦略の最重点課題として掲げ、業績評価指標にも導入し、その実施の結果を外部公表用のツール（環境報告書等）で公表している点です。リコー、ソニーと異なり、多様な環境負荷物質や社会項目に従業員の意識を拡げさせることなく、「CO_2が増えれば、給料が減る」というシンプルなシグナル（信号）を構成員に発信し続けることで、CO_2排出量削減に注力しているのです（安藤 2020）。

3 ケースの分析：環境業績評価の対象と機能

　環境業績評価はその実施の目的によって、大きく2つに分類することができます。企業外部志向と企業内部志向です。ここでは外部志向の代表例としてパナソニックを、内部志向の代表例としてキヤノンを取り上げてそれぞれの実践と展開の特徴を見ていくことにしましょう。

　ベストプラクティスから、パナソニックは環境戦略（具体的には目標年度に向ける環境目標値の達成）を実現する仕組みとして環境業績評価を展開してい

ることがわかります。環境負荷を事業活動全体で削減させていくためには、企業構成員全員の日々の意識と努力が重要です。その意識づけの仕組みとして、同社は環境業績評価に加え、その結果を報酬システムと結び付けて、さらに構成員の動機づけを強化しています。実際CO_2を出して給料（正確には「報酬」）が減らされると誰だってイヤです。構成員は自分の日々の活動のどこでムダな環境負荷が生じていないかという観点からも、自分の活動をチェックしながら行動するでしょう。

これに対してキヤノンの実践は、長期的な取り組みです。企業外部への公約を守る（環境負荷削減目標の実現）ためではなく、自社内の事業部間における競争を通じて改善活動を展開させることを重視しています。実際パナソニックは環境負荷削減目標の実現に向けた環境戦略を現在休止しているので、環境業績評価もいったん休止中です。

いずれも長短がありますが、基本的に環境業績評価は環境マネジメント・コントロール・システムの一環で行われるものです。環境マネジメント・コントロールは環境戦略を実現させることが重要な目的ですので、そもそもの環境戦略が策定・実行する時期でない場合は、もちろん環境業績評価も重要度が低くなります。ただキヤノンの実践のように、自社内の環境保全活動を長期的にレベルアップさせて、構成員に意識づけをさせようとすることは有効でしょう。こうした効果を**シグナリング効果**とよびます（詳しくはプラス1を参照）。

(1) 環境業績評価の対象

しかしそもそも環境業績評価は（1）どのような人たちに、（2）どのような影響を与えるのでしょうか？　まず業績評価が対象とする構成員は誰かを明らかにしていきましょう。

ドイツと北欧の研究者Costas and Kärreman（2013）は企業内のメンバーにSDGs経営のモチベーションに対するフィールドワークを行いました。Costasはかつて企業の人的資源管理に関わる調査を5ヶ月間実施したコンサ

ルタントのメンバーでもありました。こうした関係もあり、彼は1週間に4度以上ロンドンに赴き、GC社（「グローバル・コンサルティング」というコンサルタント会社）のコンサルタントに同行してプロジェクト・ワークショップに参加しました。CI社（「コンサルティング・インターナショナル」というコンサルタント会社）には4ヶ月間参与観察を実施しました。Costasは職場での付き合いだけでなく、現場の人々とお茶をしたり、仕事上がりには一緒に飲みに行ったり等の時間の共有もあったようです。そのようにして得たデータを、企業が公式的に刊行しているリーフレットや社史、新規雇用対象者（リクルート）向けの文書、企業外部向けのテキスト（新聞やウェブ・サイト等）で補足してデータをまとめました。CI社には57回のインタビューを、コンサルタント等と異なる組織階層の人々（アナリスト、コンサルタント、上層から下層レベルのマネジャ、その他個人の構成員）に展開しました。Costas and KärremanはSDGsに関する洞察を得やすいように柔軟な方法（例：時間管理等）でインタビューを実施しました。

　Costas and Kärreman（2013）によれば、企業構成員の環境モチベーションは信奉者（Believers）、日和見主義者（Straddlers）、冷笑主義者（Cynics）の3つのタイプに分類できるとしています。この3つのタイプの分類基準は、企業の現行のSDGs活動に対して、好意的と評価するのかそれともケースバイケースなのか、否定的なのかということです。

①信奉者　　　　　②日和見主義　　　　③冷笑主義者

　信奉者は、文字通り企業のSDGs活動の価値を深く信じ、企業自体に倫理的・社会的・環境的な理想化したイメージを抱く構成員です。しかし彼らの

モチベーションは、一般の人々が想像するようなものとは違います。彼らは理想主義者のように倫理的目的ではなく、ましてや楽観主義者のように自身のキャリアの獲得を目的としているわけでもありません。構成員の中には、入社前から企業の社会的責任や倫理などに興味を抱く人も多いようです。そうした構成員の中には、企業のアフリカなどへのチャリティ活動にも参加したいという者もいるほどです。つまりCostas and Kärreman (2013) は、彼らは本能的に他者に貢献したいという欲求から直接的に動機づけられているのではなく、社会情勢を鑑みたうえである種の「社会的使命感」に駆られて行動していると指摘しています。さらに深く分析すると、彼らは多くの人々が企業のSDGs活動に対して抱くよいイメージを、自らに内在化させる（アイデンティの確立（自己同一化））ために活動していると分析しています。

　これに対して、日和見主義者と冷笑主義者はいずれも心のどこかで、企業のSDGs活動を批判的な眼でも見ている点が共通しています。日和見主義者は企業の推し進めようとしているSDGsプログラムに時折違和感を抱きながらも、特に反対することなく活動に参加するのに対し、冷笑主義者はそうした活動からは距離を置く点が特徴です。

　日和見主義者は文字通り、企業のSDGsプログラムの推進に対して、曖昧な態度をとる人々です。今後の社会の動向をふまえればSDGsは必要不可欠と考える一方、同時にそこからある程度の距離を置く構成員です。彼らの主張に共通するのは、「自己利益の追求」という企業活動の本質との関わりです。彼らはまた、企業が従業員を巻き込もうとするSDGsプログラムが道具主義的であり、偽善的であるといった困惑した感覚も持ち合わせています。これは企業の自社を過剰に美化しようとするマーケティング手法に常日頃からうんざりした感情を抱いているのでしょう。彼らは確かにSDGsプログラムは素晴らしいアイディアではあるが、所詮コンサルタントの提案するプロジェクトの一環であり、本業ではないと捉える傾向があるようです。日和見主義者の多くは、こうしたプログラムに参加はしますが、それを通じてやはり自分の本業はお金を稼ぐことであり、そのために会社に雇われていると再認識

して、職務に復帰していくようです。

これに対して冷笑主義者は理想化されたSDGsの本質をすでに見透かしています。そして自らはそうしたSDGsプログラムへは参加できないとあからさまに表明するのです。彼らの論拠は、われわれは資本主義社会の企業で活動しているという事実です。彼らはSDGsプログラムの展開をステークホルダーからの企業に対する批判をかわしたり、ミレニアル世代といった若年層を新規雇用したりするためのマーケティング戦略の一環と見なす傾向があります。

こうした中で、環境業績評価は3つのどのセグメントを対象としているのでしょうか。信奉者はすでに自身の信念や愛着等により、社会環境に取り組むモチベーションが元々高いといえます。ただし彼らは企業はそもそも経済主体であることの本質を軽視しがちな点もあります。そのため彼らは、環境業績評価によって社会環境と経済を同軸で推進していくように動機づける必要がありそうです。

一方、日和見主義者や冷笑主義者には、これまでの財務指標中心の業績評価システムに、社会環境指標を導入して意識づけることが重要です。それは彼らはそもそもSDGsを経営活動の一環として見なそうとしない傾向があるからです。パナソニックの事例のように、環境業績評価結果を報酬システムに結び付ける実践は、彼らにトップの本気度をより伝えることでしょう。

つまり環境業績評価は、モチベーションの程度にかかわらずあらゆる構成員にSDGs経営に向けて動機づけることがわかります。

(2) 環境業績評価の機能

環境業績評価はこうした構成員にどのような影響を与えているのでしょうか。

すべての構成員が単に経済的・物質的欲求のみで職務に従事するわけではないですが、相当程度の人々はまず一定の満足を得ることができるため、物質的（経済的）満足感という効果は高いでしょう。また、被評価者は単に物

質的満足感を得ることで充足されるのではなく、自らが組織から報酬を得た事実が、優秀と見なされたと解釈する傾向があります。もちろん企業の持つ資源は限られていますので、他の構成員よりもより多く物質的・経済的にも優位に立つことは、本人にとっても自尊心（プライド）を高めるはずです。他のメンバーもその構成員が所属する組織で正統な構成員と見なされたという意味を解釈する傾向があるため、組織内における正統性（こういう人がこの組織では求められているということ）はさらに強化されるでしょう。

　一方で日和見主義者や冷笑主義者は、否定的な眼でもSDGsプログラムを評価する傾向があるため、SDGs活動自体そもそも企業活動の一環であるかどうかという疑念を抱きがちです。そのため、企業の中枢システムである業績評価システムにSDGs活動が反映されて初めて、彼らは企業がSDGs活動を本業として捉えていると認識する可能性も高いでしょう（組織内正統性）。もちろんSDGs活動に取り組むことによって得られる経済的リターンによっても、さらに本業であるという確信を深めるでしょう。つまり確かに環境業績評価は組織内のあらゆる人を対象とするとはいえども、より重点的には環境モチベーションが普通以下の構成員を対象としたシステムと捉えることができるでしょう。なぜなら環境モチベーションの高い構成員は、経済的・物質的報酬を企業から与えられなくとも、自主的にある種の使命感に駆られてSDGs経営に取り組む傾向にあるからです。

　そもそも業績評価システムに限らず、多くの社会システムは本質的に「パノプティコン（一望監視施設）」という構造を持っています。この構造は功利主義を唱えたベンサムが牢獄の理想的なシステムとして提唱したものです。その後社会学者のミッシェル・フーコーが多くの社会システムに共通する特徴として指摘しました（Foucault 1975）。罪人は服役して過酷な肉体労働を強いられる者も多いようです。彼らの作業を始終監視するためには、罪人が多くなればなるほど、看守達を多く雇わなくてはなりません。しかも肉体労働はつらいことも多く、脱獄や人々のトラブルも絶えないでしょう。ベンサムは、こうした問題を解消するためにパノプティコンという構造を開発しまし

た。それはドーナツ状に造られた牢屋の真ん中の空いた空間に高い塔を建て
て、そこに多くの窓を造ります。各々の牢屋には監獄の中心に向けて窓が設
置してあります（つまり罪人は牢屋から高い塔がいつも見えるようになっています）。
罪人達は自分の独房が高い塔のいずれかから常に見張られているのではない
かという意識のもと、自然に自分の行動を律するように設計されているので
す。

　社会にはいろいろな人々がいます。価値観も違えば、人数も多いです。気
楽に話してすぐに行動してくれる人もいれば、何度話しても理解してもらえ
ない人も中にはいます。そうした人々を一定の方向に向けて活動・生活させ
るために、いちいち一人ひとりを見張るわけにはいかないのが現実です。し
かし、いったん社会システムを組んでしまうと、そのシステムのねらいに沿
うように人々は行動しがちです。例えば法律がその典型です。一定の行動が
社会に広がると、社会システムの維持と継続が難しくなるような行為に対し
ては、罰則が科されます。罰則の内容は罰金や懲役など、誰もが嫌がるもの
ばかりです。ここから私たちは自由に生きたいと願いながらも、それは社会
全体の維持や発展を脅かすものであってはならないことがわかります。いず
れにしても企業は構成員を企業システムの維持や発展に資すれば昇進や昇給、
衰退に寄与すれば降格や減給といった「**アメ**」と「**ムチ**」を巧妙に使い分け
ます（図表2-5）。こうして企業は自社の発展に向けて、事業部や構成員の活
動や行動をコントロールしようとしているのです。

4 まとめ

　業績評価システムは社会システムの典型例の１つで、いったん仕組みを組んでしまうと、いちいち人がずっと監視しなくても一定の方向に人々の意識と行動を向けさせるものであることがわかりました。実際パナソニックはこれで環境戦略を成功に導きましたし、キヤノンは継続的な改善活動を構成員に動機づけていました。そして企業内の構成員の社会環境に対する意識は高低さまざまですが、すべての人に影響を与えるシステムであることもわかりました。ただ強いていえば、環境業績評価システムは社会環境に対する意識が普通以下の人々に対して、環境目標斉合性を高めさせることを主なねらいとしていることもわかりました。

　業績評価システムはマネジメント・コントロール・システムの中枢のシステムです。それほど企業内で働く人々は、「どうせやるなら、高く評価されたい」と、他者からの眼を意識してしまうものなのでしょう。私たちは小さな競争にもこだわる習性があると自覚するだけでも、事態を冷静に捉えることができるかもしれません。

<アメ>　　　　　　　　　　<ムチ>

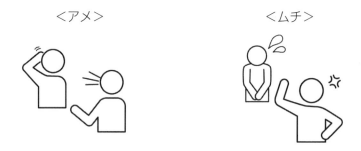

プラス**1**
大阪ガスの環境業績評価の実践

　パナソニックやキヤノンといった多くの企業は、基本的に同じ業績評価指標で一律に事業部を評価しています。ただ詳しく見ていくとパナソニックも事業部の活動特性によって、2つのタイプに分けて業績評価しています。ここでの活動特性とは、セット系（部品から完成品に仕上げることがメインの事業部）かデバイス系（他社や他の事業部に部品や半製品（仕掛品）を納入することがメインの事業部）かといったもので、セット系は製品の環境配慮度を重視し、デバイス系は工場などの製造環境の環境配慮度を重視するといった違いがあります。

　さらに事業部の中には特殊な活動を行っているものもあります。こうした事業部の中には本社が一律に共通の指標で評価しにくいケースもあります。例えば大阪ガスには導管事業部というガス管の配設工事を行う事業部があります。本社は同事業部構成員にできるだけ余分な土壌を掘り起こさないよう、最短のルートでのガス管設置を動機づけるため、「掘削度」を同事業部固有の業績評価指標として採用しています。つまり多様な事業形態にわたる事業部を傘下に持つ本社は、各々の事業部特性を反映した独自の指標を別個に設定するケースも確認できます。これは本社が各々の事業部に対して他の事業部との競争を目的としているのではありません。「ここが大事だよ！」というメッセージを事業部に発信することを目的としています（シグナリング効果）。業績評価すること自体が評価対象の活動が重要だというメッセージを事業部に対して送っているのです。このように本社は事業部に注力してほしい重点ポイントを指標化し、その進捗度を経年で測定・評価することで、各事業部を管理しようとしているのです。

（出所：安藤 2020）

Exercise

1　業績評価システムはパノプティコンの構造をなしているとしましたが、みなさんの身近でこうした構造をしているものの例をあげなさい。

2　あらかじめ仕組まれた構造の多い社会の中で、みなさんは自由に行動することはできるでしょうか？　あなたの考えを述べてください。

3　SDGsは誰もが自由で平等な社会づくりを目指していますが、（1）本当に実現は可能でしょうか？（2）また難しいと考える人は、それでもなお社会がSDGsを掲げなければならないのはなぜか考えてください。

引用文献

Costas. J. and D. Kärreman. 2013. Conscience as Control: Managing Employees through CSR. *Organization*. 20(3): 394-415.

Foucault, M. 1975. *Surveiller et Punir: Naissance de la Prison*. Gallimard.（田村俶訳. 1977. 『監獄の誕生：監視と処罰』新潮社.

安藤崇. 2020.『環境マネジメント・コントロール：善行の内省と環境コスト・マネジメント』中央経済社.

より深く学びたい人のために

①加登豊・李建. 2011.『ケースブック　コストマネジメント（第2版）』新世社.

☞コスト・マネジメントや管理会計の仕組みをあつかった定番テキスト。多くの事例をもとに同テーマに関して広く学べるお勧めの1冊です。

②Anthony, R. N. 1988. *The Management Control Function*. Boston. Harvard Business School Press.

☞マネジメント・コントロール・システムとそのサブ・システムの機能について学べます。最初はイメージしづらくても、企業事例と照らし合わせつつ、繰り返し読んでほしい1冊です。

第**6**章

社会環境報酬システム
―オムロンの事例―

本章のねらい

1 報酬システムは構成員にとって最も直接的な動機づけの
   システムです。
2 そもそも社会環境への取り組みは自主性も大事ですが、
   正式な企業活動としてメッセージを構成員に送ることも
   重要です。

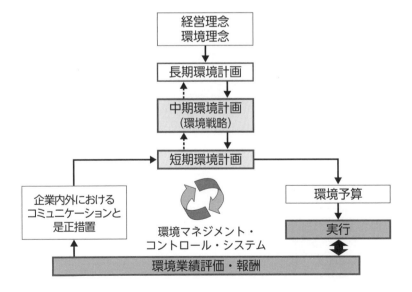

トレンドニュース

ESG指標、役員報酬反映：日立・リコーなど47社

　日本の主要企業の中で、役員報酬にESG（環境・社会・企業統治）の実績を反映する動きがじわり進む。2021年度の民間調査では、国内の主要上場企業の6％がESG関連指標を採用し、20年度調査（5％）からやや上昇した。米国では報酬に関する新たな開示規則の検討も始まるなど、経営に対するものさしが変化しつつある。

　デトロイトトーマツグループと三井住友銀行が、主要上場企業について調査した。回答にあたった730社のうち47社がESG指標を役員報酬の決定に活用。20年度の35社（回答数651社）から上昇した。

　役員報酬は経営陣が投資家との間に設定する「もの差し」にあたる。従来、指標には利益率や自己資本利益率（ROE）、株主利回り（TSR）などを活用してきた。ESG課題への取り組みが長期的な企業価値を左右するとの見方が広がることが背景にある。

　日立製作所は22年3月期から役員の担当ごとに二酸化炭素（CO_2）の削減目標などを定め、達成度合いを報酬に反映を始めた。半導体装置大手のアドバンテストも株式報酬の指標の1つにESG評価を採った。

　反映方法を複層的にしたり、より細かい設計を示したりした企業もある。ANAホールディングス（HD）は、中期経営計画で掲げたCO_2削減目標の達成度に加え、外部評価も指標に採った。ダウ・ジョーンズ・サステナビリティ・インデックス（DJSI）などESGに関する4つの外部評価での組み入れも基準にしており、CO_2削減目標と合わせて株式報酬の25％をESG目標が左右する。

　リコーもDJSIの評価を、賞与の係数として採用している。最上位の評価を得れば1.05倍が、DJSIの企業に組み入れられなければ0.95倍がかけられる仕組みだ。執行役員については、別途部門ごとのESG目標の達成度合いを報酬などに連動させている。

　非財務情報を巡っては投資家の注目度が高まる。国際会計基準（IFRS）を策定するIFRS財団は21年11月に国際サステナビリティ基準審議会（ISSB）設立を発表し、開示基準作りを始めた。

　「企業は役員報酬をESG対策に結びつけている。ESG目標を前進させ、成

果を向上する方策の1つだ」。米証券取引委員会（SEC）の1人は、1月末から一般意見の募集を始めた開示規則の見直しについて、こうコメントした。ESG指標の役員報酬への反映は欧州で先行しており、英FTSE100種総合株価指数の採用銘柄のうち45％が報酬に織り込んだ。

HRガバナンス・リーダーズの内ケ崎社長は「役員報酬は企業が提供する価値の対価だ。考え方や実績を積極的に示し、コミットメント（約束）の是非を問う必要がある。」と指摘する。（出所：『日経産業新聞』2022年2月10日）

1 はじめに

　みなさんも将来就きたい仕事について考えたことがあるでしょう。誰もが好きなことを仕事にしたいと思うはずです。好きなことをしているときは、我を忘れていつの間にか時間がたってしまうでしょう。また好きなことを仕事にすると、その成果や質も高まっていくのが自然のようです。このように、自分の興味や関心が中心となった仕事に対する動機づけを「内発的動機づけ」とよびます。これに対して、小中学校の時に親から「勉強しなきゃダメよ！」といわれて、仕方なくやっている状態の動機づけは「外発的動機づけ」とよばれています。

<内発的動機づけ>　　　　　　<外発的動機づけ>

　本章で対象とするのは、仕組みとしては外発的動機づけを中心とするものです。ただ、内発や外発といった言葉は頭の中で考えたタイプを示すものです。実際の社会はいずれもが交じり合っています。したがって、最初は外発的動機づけで行っていた活動が、次第に内発に変化していくといった現象も実際にはたくさんあります。社会環境報酬システムも、最終的には構成員が自主的にSDGs経営に取り組むことをねらいとしているので、「外発」から「内発」を目指したシステムといえます。

2　ベストプラクティス：オムロンの社会環境報酬システムの実践

　（社会）環境業績評価結果を報酬高に反映させる実践を**社会環境報酬**とよびます。日本におけるこの実践のさきがけはオムロンです。オムロンの社会環境報酬システムの概要を解説した後に、その機能と活用方法、および意義を分析することにしましょう。

　オムロンは1933年に大阪市で立石一真氏が設立した会社です。創業期はレントゲン写真用のタイマーの製造から開始しました。同社は「センシング＆コントロール＋Think」をスローガンに、現在5つの特定事業分野にわたって経営活動を展開しています（同社では本社直轄の新規事業分野以外を「特定事業分野」とよんでいます）。同社は1959年に社憲として「われわれの働きでわれわれの生活を向上し よりよい社会をつくりましょう」を制定しました。ただ、一体「よりよい社会」とは何なのかについて同社は具体的には定めてはいません。これは巧妙なシステムで、同社が持続する限り永遠に追究しなければならないテーマとしているのです。

　同社の4つの特定事業分野の事業部業績評価項目の中には、SDGs活動の評価指標も組み込まれています。それは具体的には、中期経営計画の目標を単年度に落としこんだ（バックキャスト）ものです。組織構成員全員は目標管

理⁽¹⁾されているため、事業部業績評価項目（とりわけSDGs項目）はすべてではありませんが、ほとんどの構成員の個人レベルの目標と評価項目に落とし込まれています。例えばヘルスケアソリューション事業部は2020年度末に向け、血圧計販売台数2,500万台を目標としていました。企業利益ではなく販売台数を指標としているのは、高い血圧計を販売して利益を上げることが目的ではなく、家庭で血圧を測る文化を創ることを通じて、世界中の人々の健やかな生活の実現を同社は目指しているからです。

　一方で個人のSDGsへの取り組みは、TOGA（The Omron Global Award）という経営理念の実現に向ける改善活動と、その取り組みの成果の表彰制度によっても動機づけられています。TOGAとは、「仕事を通じて経営理念の実践にチャレンジし続ける風土」の醸成をねらいとし、同社が世界規模で1年間かけて展開する表彰制度です。基本的に従業員の自主的な小集団活動ではありますが、2020年度はエントリーされたグローバル6,461テーマのべ51,033人が参加し、その取り組みの成果が社内外で共有されました。

　同社はさらにトップ・マネジメント（具体的には同社役員）に対して、SDGs活動評価を1年間の報酬高に反映させる仕組み（「役員報酬制度」：図表6-2参照）を構築しました。同社役員は自らの担当する部門のSDGs活動評価を含んだ多くの業績にもとづいて、報酬高を決められます。こうした実践の目的は①中期経営計画の達成と、②DJSI（Doe Jones Sustainability Indices：サステナビリティ指標）への対応の2つにあります。主として、①はマネジメント上の目標達成対策、②は中長期志向の投資家対策といえます。いずれにしてもSDGsへの取り組みを企業の本業（経済活動）に強く結び付けることをねらいとしています。DJSIとは長期的な株主価値向上の観点から、企業を経済・

---

(1) 目標管理制度とはドラッカーの提案した概念です。ここでは構成員一人ひとりに目標を設定させ、それが部門や事業部、企業の目標につながるように調整します。この制度のねらいは構成員の強みと責任を最大限に発揮させ、彼らへのビジョンと行動に方向性を与え、チームワークを発揮させることにあります。つまり一人ひとりの目標と全体の利益を調和させるためのマネジメントの原理であるとドラッカーは指摘しています（Drucker 1954）。この制度の最終的なねらいは自己管理にあります。上司からの指示や命令でなく、仕事のニーズ（何をどの程度すべきか）による行動への意欲を起こさせることが目的です。

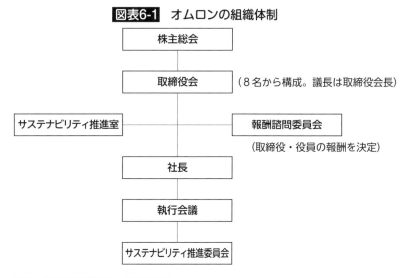

図表6-1 オムロンの組織体制

出所：社外公開資料をもとに筆者作成。

環境・社会の３つの側面で統合的に評価・選定するESGインデックスです。これはオムロンという１企業が行うSDGsの評価ではなく、多くの企業のSDGsへの取り組みの格付けを外部の機関が行うものです。こうして企業の外部評価が高まると、中長期的な視点から投資先を選択する投資家から評価され、資金調達が行いやすいという利点があるのです（こうした資金を「ESGマネー」とよびます）。

　報酬に反映されるSDGsパフォーマンスは、中期に達成すべき目標（中期経営計画）に対する進捗度として評価されます。進捗を実際に管理するのはサステナビリティ推進室です。同部署は取締役会の下に位置づけられ、毎月開催される執行会議にマター（議事）をあげます。執行会議は①サステナビリティ委員会、②本社機能部門、③ビジネスカンパニーの３つから構成されます。取締役会も年に13回開催されるので、ほぼ執行会議と同じペースで実施されます。2017年度から取締役会は３つの運営方針の１つに、「サステナビリティ方針にもとづき設定した重要課題（マテリアリティ）に対する取り

図表6-2　役員報酬の体系

1.　役員報酬の概要

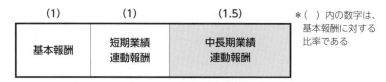

(1)	(1)	(1.5)
基本報酬	短期業績連動報酬	中長期業績連動報酬

＊（　）内の数字は、基本報酬に対する比率である

2.　中長期業績連動報酬の概要 （＊対象は社外取締役を除く取締役と執行役員）

　業績連動部分（60％）と非業績連動部分（40％）からなる株式報酬を支給します。
業績連動部分は中期経営計画に基づき設定したEPS、ROEの目標値に対する達成度で評価し、非業績連動部分のサステナビリティ評価は第三者機関の調査にもとづく客観的な評価等もふまえて評価します。

（業績連動部分）

役位別の基準額 × ［ 財務目標評価（60％） ＋ 企業価値評価（20％） ＋ サステナビリティ評価（20％） ］

注：なお非業績連動部分は中長期の株価向上への動機づけとリテンションを目的とし、一定期間の在籍を条件に支給します。業績連動部分は中期経営計画終了後に、非業績連動部分は退任後に支給します。
出所：『OMRON 統合レポート2022』から抜粋。

組み」を掲げています。実際、SDGs関連項目は取締役会での審議事項です。取締役会は、達成しやすい目標設定に関しては再検討を求めますし、具体的な活動内容に関しても助言も行います。取締役会は同社の最高レベルの組織ですから、**SDGsはもはや企業全体の最重要課題の１つになったといえるで**しょう。

　報酬制度の基本方針は、①企業理念を実践する優秀な人材を取締役として登用できる報酬とする、②持続的な企業価値の向上を動機づける報酬体系とする、③株主をはじめとするステークホルダーに対して説明責任を果たせる「透明性」、「公正性」、「合理性」の高い報酬体系とするという３つです。役員報酬は固定報酬である基本報酬と、業績に応じて変動する短期業績連動報酬および、中長期業績連動報酬の３つの部分で構成されます（図表6-2参照）。

SDGsパフォーマンス結果はこの中長期業績連動報酬に反映される仕組みになっています。2016年度以前に比べ、2017年度以降は中長期の業績反映部分が1.5倍になりました（2016年以前：1：1：1 ⇒ 2017年以降：1：1：1.5）。これは組織で上位の立場になるほど、中長期の経営に責任を持つべきだという考えにもとづいています。短期業績連動報酬と中長期業績連動報酬金額の算式を具体的に検討していくと、株主への貢献度を重視していることがわかります。全報酬システムに占めるSDGsパフォーマンス反映部分の割合は約1割です。

　報酬システム全般の活用に関して実質的な権限を持っているのは、報酬諮問委員会です。目標管理の活用プロセスで、トップとミドル、ミドルとロワー（上司と部下）の間で、目標設定や具体的な進捗状況のコミュニケーションが展開されます。中期経営計画の目標はやや具体性に欠ける点もあるので（実際何をどこまでやればよいかがわかりにくい）、単年度の業績評価項目や目標管理における目標は、このコミュニケーションを通じてさらに具体化されていきます。

　こうした取り組みの状況や業績に関しては、通常月に一度開催される執行会議でメンバー間で相互にチェックを行います。同会議には通常社長も同席し、目標が未達の部分に関しては理由と今後の改善の見通し・対策等についてのコメントなどを求めます。同社は、一連の取り組みによる多様な経営成果を統合報告書上で年次報告しています。このように、**オムロンは中期経営計画（経営戦略）の実現に向けた継続的改善のために、社会環境報酬システ**

図表6-3 オムロンにおける社会環境報酬のねらい

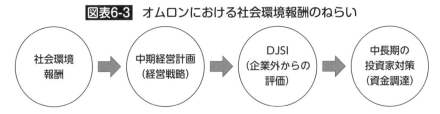

出所：インタビュー結果をもとに筆者作成。

ムを活用しています。そしてその総合的な企業パフォーマンスを、DJSIへ
の対応へつなげる仕組みとしているのです。

3 ケースの分析：社会環境報酬システムの機能と意義

　オムロンの実践に特徴的な点は、①企業全体で社会環境と経済を統合させ
ている（トップ・ミドル・ロワー以下の構成員の同時展開）、②企業変革を伝える
手段として、社会環境報酬システムを活用しているという２点です。

　特に同社はDJSIへの対応を大きな目的として、同システムを展開してい
ます。つまり同社の取り組みのねらいの１つは、中長期的な投資家対策とい
えるでしょう。また社会環境に関する計画は、中期経営計画の一部でもあり
ます。こうした点からも同社は社会環境活動を本業の経済活動と同質で重要
と捉えていると判断できます。

　さらに同社においてはあらゆる組織階層において、SDGsと経済活動を結
び付けようとしていることがわかります。トップは社会環境報酬システム、
ミドルは（社会）環境業績評価、ロワー以下はTOGAという仕組みが設計・
活用されています。一般的にこれまで社会環境活動は、そもそも企業の本業
である経済活動とは別個に展開されてきました。そのため多くの企業構成員
（特に従業員）は、SDGs活動を事業活動の一環として意識しにくかったとい
えます。

　このように同社は社会環境問題に対して単に自社のイメージアップのため
だけで取り組んでいるわけではないことがわかります。オムロンは企業内で
「社会環境と経済を真に（本気で）統合」させようとしているのです。

　通常マネジメント・コントロール・システムはマネジャを組織全体の戦略
に統合させるための仕組みです。ただ社会環境報酬システムは、環境マネジ
メント・コントロールの一環ですが、トップ・マネジャを対象としている点
に特徴があります。そして彼らの担当する部門全体を社会環境と経済の調和
に向けて動機づけています。マネジメント・コントロールは、部分最適と全

体最適を統合させる仕組みです（目標斉合性の追究）。こうした意味で社会環境報酬システムは、社会と企業トップの環境目標斉合性を高める仕組みといえます。ここでも部分最適（企業組織）と全体最適（社会環境）の統合として、環境目標斉合性の向上が図られています（システム軸における環境目標斉合性）。

　この実践の意義は「**社会環境と経済の真の統合**」をめざす点にあるでしょう。確かに環境業績評価の実施によっても、社会環境と経済が統合できると考えられなくもないです。ただ、特定の活動を業績評価対象として測定することと、実際にその評価結果を報酬の多寡にリンクさせることは、根本的にレベルが違います。特定の経営活動をマネジャが測定し評価するだけでも、構成員は「わが社は、その活動を重視しているのだろう」と捉える傾向があるでしょう。しかし、その活動のパフォーマンスを給与やボーナスなどの査定に活用するとなれば話は別です。

　このように**報酬システム**はマネジャの直近の利害に対して、直接的に働きかける特徴を持つため、彼らの目標達成に向けるモチベーション効果が高いといえます。通常マネジャは限られた環境のもと、自身の限られた資源を活用して、仕事のパフォーマンスを高めようとします。もちろん彼らが取り組む職務の中には、プライオリティ（優先順位）があるはずです。仕事とは見なされず、自身の給与・ボーナスの査定にもかかわらない活動への取り組みは、どうしても2番手、3番手と見なしがちになるでしょう。

　このように公式的な職務と非公式的な職務、そしてそれぞれの中にプライオリティ（優先順位）があります。さらに長期的な取り組み課題は短期的なものよりどうしても後手になりがちです。一般的に企業構成員は、長期的な課題や非公式的な職務も確かに重要とは意識しているでしょう。ただ社会人は公式的・短期的な業務をこなすことに日々を追われてしまいがちです。このように社会環境報酬は、構成員の日常業務の中でも公式的で短期的、つまり**最も優先順位の高い職務に社会環境課題を導入させる実践**といえます。つまり社会環境報酬制度は、企業内において究極的な「社会環境と経済の統合」の実現をねらいとしています。要するに<u>企業構成員にとってSDGsに取り組</u>

むことは「仕事そのもの」になったのです。

4 まとめ

　社会環境報酬制度は環境マネジメント・コントロール・システムにおいて、最も短期的かつ直接的なインセンティブ・システムです。そのためこの実践はあらゆる企業構成員に企業が本気で社会環境問題に取り組む姿勢を伝える効果が高いといえるでしょう。これまでSDGs活動は、通常の経営活動とは見なされず、非公式な活動として捉えられることが多くありました。実際これまで報酬高に影響したのは、経済的な成果のみでした。ここにSDGsの取り組みの成果を加えると、構成員はSDGsは仕事の一環になったと捉えることでしょう。つまり社会環境報酬制度の意義は「企業内における社会環境と経済の統合」にあります。事例企業はあらゆる組織階層に対してその効果をより強く発揮させるために、他の制度や活動も同時展開させていることがわかりました。

　確かに社会的・利他的な要素も含んだ活動を、利己的な報酬の獲得で動機づけることは、倫理的に問題がないわけではありません。人はパン（報酬目的）のみに生きるのではないでしょう。ただ人が職務に従事する動機や目的として「パン」を軽く見ることはできないと思います。またパンはこれまで達成した経済活動の成果への対価として獲得できたものでした。社会環境報酬におけるパンは社会環境活動の成果への対価という意味で、利他的な活動成果の見返りでもあります。

　聖書は「人はパンだけで生きるものではない」の後に、「神の口から出る一つひとつの言葉で生きる」と続けます。筆者はキリスト教信者ではありませんが、この言葉は利己的動機だけでなく利他的動機にもとづく人の行為の重要性についてもふれているように思います。実際企業社会においてそうした利他的に行動することは難しいことも多いでしょう。そのため社会環境報酬システムが利己から利他へと人の行動を促すのなら、非常に有意義な機能

を果たしているといえると思います。今後は利他的動機にもとづいた活動が
どれほど長期的に、また利己的動機に比べどの程度成果をもたらすかについ
ても調査していくことが大事でしょう。

プラス1

日産、役員報酬にESG指標：気候変動や人権、達成度を反映

　日産自動車は役員報酬に気候変動や人権問題への対応を評価した外部指標を取り入れて評価する。このほど発行した報告書『サステナビリティ・レポート2021』で明らかにした。二酸化炭素（CO_2）の排出削減や従業員の多様性などの達成度合いを評価して支給額を変える。経営陣に意識させることで、日産としてESG（環境・社会・企業統治）の達成を目指す。

　役員報酬にESGの指標を取り入れ、経営陣の意識改革につなげる。例えばCO_2排出を削減するために、工場に太陽光発電所の設置を進める施策を打ったなどの活動を評価する。また部品や素材調達で、その製造現場や採掘現場で強制労働や児童労働を通じてえたものではないかなどを確認する。人権に配慮した施策も評価対象になる。

　またダイバーシティの推進として、女性管理職を増やす取り組みも評価する。2020年度では、女性幹部らに対して、内田誠社長兼最高経営責任者（CEO）と「CEOラウンドテーブル」やアシュワニ・グプタ最高執行責任者（COO）と「COOカフェ」という対話の機会をオンラインで開き、経営陣の考えを吸収させた。

　日産の女性管理職の比率は20年度で世界で14.7％、日本では10.4％だ。厚生労働省によると、日本の製造業の女性管理職比率は平均4.7％と低く、日産は2倍以上に達する。23年には世界で16％を目指しており、残り1.3％に迫る。

（出所：『日経産業新聞』2021年10月28日）

Exercise

1 人は自主的にやろうとしていることを、他者から改めて指示をされると、なぜやる気が落ちるのでしょうか。その理由を考えてください。

2 社会環境報酬の実践についてあなたはどのように評価しますか。意見を自由に述べなさい。

引用文献

Drucker. P.F.1954. *The Practice of Management.* Harper and Row Publishers.（上田惇生訳.2006.『ドラッカー名著集 現代の経営［上］』ダイヤモンド社.)

※本章のベストプラクティスの内容は、筆者が2018年10月に実施したインタビュー情報にもとづいています。

より深く学びたい人のために

①デシE.L. and R.フラスト（桜井茂男監訳). 1999.『人を伸ばす力：内発と自律のすすめ』新曜社.
　☞自主的に物事に取り組むこと、自分の興味や関心を大事にすることの重要性を示唆する研究書です。
②Chenholl, R.H. and K. Langfield-Smith. 2003. Peformance Measurement and Reward Systems, Trust, and Strategic Chenge. *Journal of Management Accounting Research*.15.117-143.
　☞この研究の結果は、報酬システムの活用は、組織と個人との信頼関係の構築には寄与しますが、企業の業績が悪化した場合、個人間の信頼を失墜させる可能性があること（報酬システムの貢献点と限界）を示唆しています。

第7章

外部環境マネジメント・コントロール・システム
―日本の先進企業３社の事例―

本章のねらい

1 近年の企業は企業外の人や組織と一緒に、自社だけでは
  もたらしえなかった価値の創出に向けて動き出しています。
2 特に企業外の主体と社会環境をよくしながら、自社の競
  争力を高める戦略を共通価値の創造とよびます。

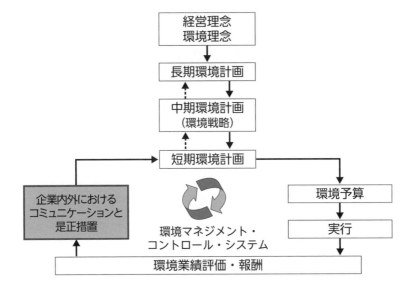

トレンドニュース

外部協業、SDGsで拡大

　企業などが新規事業開発で外部と協業する「オープン・イノベーション」で、SDGsを軸にした取り組みが増えている。スタートアップ支援のCreww（クルー、東京・渋谷）のプログラムへの参加企業数は2021年に前年比2割増えた。事業の持続可能性が強く問われる中、環境分野など明確な目標設定がされやすくなったことが増加の背景にある。

　私たちと共に温暖化ガス削減などの課題に取り組み、地球環境に貢献しませんか？　クルーのサービス上で、浜松市が22年3月中旬まで実施している地元企業6社とスタートアップとの協業プログラム。自動車部品のアツミテック（浜松市）など6社すべてが地域貢献や脱炭素などSDGs分野での募集要項を並べた。クルーの伊地知天最高責任者（CEO）は「ESG（環境・社会・企業統治）やSDGsが重要視されており、テーマに掲げて協業するケースが増えている。」と話す。プログラム参加企業数は21年に前年比21％増の82社で、新型コロナウイルス感染拡大前の19年と比べても2.1倍と急増している。今後SDGs関連の海外スタートアップの参画も進める。

　15年ごろから国内で広がったオープン・イノベーションだが、思うような成果が出ず鈍化していた。ここにきてSDGsが牽引役となり、促進の動き

企業の協業希望内容は多岐にわたる
・海洋保全・海洋資源の活用を成長産業に育てる
・環境にやさしい食品包材の開発
・持続可能な農業の推進
・廃棄物を利用する新規事業の構築
・地域の生活環境の向上など、持続可能な事業運営の実現
・再生可能エネルギーの予測誤差最小化
・事業活動を通じた社会課題の解決で、脱炭素社会と循環型社会を実現

が顕著だ。オープン・イノベーション仲介のナインシグマ・ホールディングス（東京・千代田）の諏訪暁彦社長は「大企業が自力で解決できる環境問題はすでに解決済み。他社の知見を活用しなければ解決できない問題が残っており、企業の積極性が増している。」とする。同社ではコンサルタントが指南する協業プロジェクトの引き合いが増えている。１件あたり数百万規模の料金がかかるが、20年のサービス開始以来国内40社超が利用する。SDGs機運の高まりはオープン・イノベーションの本気度も高めている。

（出所：『日経産業新聞』2022年１月18日）

1 はじめに

　社会問題や地球環境問題は、そもそも一企業のみの力で解決できるものではありません。そもそも企業はそうした問題に取り組むことを主たる活動の目的とした主体ではありませんし、たとえ世界を代表する多国籍企業でも、その単独の影響力は限られているからです。

　本章ではこうした企業外部の主体との協業による画期的な成果を目指す活動（**外部環境マネジメント・コントロール**）の推進プロセスをまず明らかにしていきましょう。社会環境問題への取り組みは、企業に新たな挑戦を迫っています。これらは必ずしも１企業体のみで取り組める課題ばかりではありません。企業同士の垣根を越えて、複数の企業やNGO団体と一緒に力を合わせて取り組む事例も出始めています。環境マネジメント・コントロール・システム最終段階の「コミュニケーション」は、取り組み状況の企業内外への報告をメインとしますが、本章で扱うような活動的な事例を通して、企業が企業外の組織や団体と関わることの意味について考えていきましょう。

2 ベストプラクティス：日本の先進企業３社の展開

　世界に多大な影響力を持つ多国籍企業でも、現在他の組織と一緒に社会環境問題を改善し始めています。この活動テーマは何も地球環境問題のみに限りません。現代の企業は先行きの不透明な市場環境の中、一企業としての壁や従来の系列関係を超えて、さまざまな主体と取引関係を結び始めています。こうした取り組みやその成果は**オープン・イノベーション**（Chesbrough 2006）とよばれています。

　本節では３つの事例を確認し、３節では事例分析から推進プロセスのモデルを導きましょう。４節では３節の議論をふまえて、コントロール・システム全体の目的と特徴を明らかにすることにしましょう。そして最終的にこのシステムを効果的に活用する成功要因を明らかにしましょう。なお本節（**2**）の内容は、（１）：米倉・金（2014）、（２）：手塚（2014）、（３）：佐々木（2009）をそれぞれふまえて記述しています。

（1）日本コカ・コーラ（経済システム重視戦略）

①背景

　本事例は日本コカ・コーラ社（以下「日本コカ・コーラ」）と富士電機株式会社（以下「富士電機」）の協業に関するものです。

　飲料用自動販売機は1962年に国産初の瓶入り自動販売機が導入されてから1997年まで、右肩上がりで日本全国に設置されました。しかし省エネ等への関心の高まりも受け、合計設置台数はこれ以降ほぼ横ばいとなります。さらに2011年３月11日の東日本大震災が、さらなる省エネへの要求を高めました。

②環境コミュニケーション

　東京電力福島第一原子力発電所の事故を受け、菅直人内閣総理大臣（当時）は、エネルギー基本計画を白紙に戻し、エネルギー政策全体の見直しを国民全体で議論する必要があると述べました。このような政府レベルの論議は、石原慎太郎東京都知事（当時）の発言により、国民の認識の変化に大きな影響を及ぼしました。2011年4月9日、石原氏は「自動販売機なんてやめちまえ。コンビニで買って家で冷やせばいいじゃないか」と発言し、翌10日の夜のインタビューでもこのことについて熱弁を振るいました。同演説で石原氏は、自動販売機とパチンコ業界は年間電力消費量が極めて高いことを強調しました。石原都知事は、「軒並み自動販売機が並んでいるバカな国は、世界中にない」、「国はオイルショックの時のように節電のための政令を出せばよい」とまで発言しました。

　政治家のこのような発言は国民の意識の中に、自動販売機に対するネガティブな印象を与えることになりました。当時インターネット上では、こうした発言に「正論だ」、「素晴らしい」、「どんどんやってくれ！」といった書き込みが相次ぎました。また、国民に対する意識調査結果からは、2011年5月時点で、節電のために飲料販売機を減らしてもよいと回答した割合は58.8％となり、中には段階的な撤廃に関する声まで上がりました。

③オープン・イノベーション

　自動販売機ビジネスの存続危機に直面した日本コカ・コーラは、従来から自動販売機の製造を共同設計・開発していた富士電機と再び共同開発に取り組み始めました。そうして生まれたのが「ピークシフト自販機」です。「ピークシフト自販機」は日中の電力需要の高い時間には冷却電力を使用せず、主に夜間の電力需要の少ない時間に集中的に飲料を冷却する技術を採用しています。日本コカ・コーラは、同製品の開発・販売によって、サステナビリティ（持続可能性）に必要な機能が備わった「社会から認められる自動販売機」を目指したのです。

④CSV

　結果的に「ピークシフト自販機」は、冷却に要する電気代を従来型より約半額に削減することが可能となり、製品としての正統性を一応確保して世論の反抗を逃れたので、街場からの撤退を免れることに成功しました。

(2) 森永製菓（社会システム重視戦略）

①背景

　本事例は森永製菓とNPO法人ACE（以下「ACE」）の「チョコレートで児童労働をなくす協働事業」の成果です。本事業はチョコレートの販売を通じて、同社の原材料調達国ガーナの子供を児童労働から守り、きっちりとした教育を受けられるように、子供の教育と農家の自立を支援する活動です。

　ACEは1997年に設立され、「遊ぶ、学ぶ、笑う。そんなあたりまえを世界の子供たちに。」をスローガンに活動を展開してきました。2005年にNPO法人化し、スタッフ数は17名です（2021年8月現在）。森永製菓は、1899年に創業し、チョコレート、ビスケットなどの菓子類を開発・製造・販売する日本企業です。森永製菓も原材料調達国としてのガーナにおける児童労働問題には従来から意識はしていました。実際2003年から同社は、原材料調達国や地域の子供たちの教育支援のために、チョコレートの売上の一部を寄付するといった社会貢献事業を行っていました。ただこの時点ではその収益金は公益財団法人プラン・ジャパンに寄付するだけで、現地の実際の問題に対して直接的には関わってはいませんでした。

　一方ACEは現地での支援活動に加え、2008年にカカオやチョコレートに関連する企業にフェアトレードやガーナの児童労働に関する調査を独自に展開していました。そして2009年には児童労働の改善に向けた「スマイル・ガーナプロジェクト」を開始しました。日本で消費されるチョコレートの約8割はガーナ産のカカオが使用されています。そのカカオの生産工程において児童労働が頻発しており、それはチョコレート産業全体の社会課題となっていました。ところが当時、日本の製菓企業で児童労働に本格的に取り組ん

でいる企業はまだなく、現地でそうした課題に取り組んでいるNGO・NPO
にとっては、産業界は関わりにくい存在でした。

②環境コミュニケーション

しかしある紹介者を通じて、森永製菓のマーケティング担当者：八木格氏
とACE事務局長兼ガーナ担当者：白木朋子氏が会って話し合う機会が生ま
れました。それから約1年半、何度も両氏はミーティングを重ねました。白
木氏は八木氏にガーナの児童労働の現状を映像で伝えたり、ACEのガーナ
での活動実績を報告したりして、「カカオがなければチョコレートをつくる
ことができない企業こそが、カカオ生産地の児童労働解消にむけて取り組む
べきではないか？」と根気強く訴え続けたのです。

③オープン・イノベーション

2011年、ついに森永製菓は従来の寄付支援活動に加えて、児童労働に取
り組むACEを通じた支援を決定しました。「子供の幸せを実現する」という
ビジョンを共有していたことが、最大の決め手でした。当時森永製菓の「1
チョコ for 1スマイル」による寄付支援活動を受けていたのは、ガーナのパ
ソロ村、ウルベク村、アナンス村の3つでした。しかしこれらの村における
多くの零細農家では、カカオ栽培における農村管理の技術、知識、経験が不
足していたため、農業の生産性が非常に低く、カカオ生産で得られた収入だ
けでは家計を維持することができない状況でした。当然子供の教育費などま
かなうことはほぼ不可能です。そうした家庭の子供は、家計に少しでも多く
の収入をもたらすために、過酷な労働を余儀なくされていました。もちろん
劣悪な労働環境や不衛生な生活環境は、子供の健康に大きな害を与えていま
した。大人に成長した時には、働くことのできない身体になってしまい、さ
らに自分の子供に働かせるという悪循環ができ上がってしまっていたのです。

こうした問題を解決するために森永製菓とACEは、カカオ農家に農園管
理の技術をきっちりと身に付けさせることが先決と考えました。そして、現

地のパートナー団体とともに農村管理スクールを開催したり、村民同士が相互扶助できる仕組みを整えたりすることから始めました。そうして自立した農作業ができるようになるにつれて、徐々に零細農家の収穫量が増え、家計が安定していきました。こうして零細農家に子供たちを働かせることなく、学校に通わせる道筋を拓いていったのです。

④ CSV

　次の段階として森永製菓とACEは、子供の学習環境を整備していきました。結果的に協働を始めた2011年当時、支援地区の子供約1,200人のうち約300人が児童労働をしていましたが、2012年末までに約130人の子供を児童労働から保護し、就学を実現することできました。

　次の目標は、寄付をしてくれた消費者に活動の成果を伝え、同商品を味わってもらうことでした。2015年12月25日より支援地区で生産したカカオを原材料とした商品「ダース（ミルク）」が日本の店頭に並びました。さらに、この協働の取り組みを消費者に理解してもらうために、商品パッケージに取り組みの過程を記載し、「1チョコ for 1スマイル」キャンペーン商品として開発し、2013年1月7日よりバレンタイン向けの期間限定商品として販売しました。こうした協働の取り組みは、単なる寄付による社会貢献活動から、本業を通じた社会問題の解決へと進化し、企業のCSV活動として日本の産業界から高く評価されました。そして第10回日本パートナーシップ大賞準グランプリ・オルタナ賞を受賞しました。さらに「1チョコ for 1スマイル学生サポーターズ」といった類似の学生ボランティア活動にも波及・展開していきました。

(3) パナソニック（地球環境システム重視戦略）

①背景

　本事例はパナソニック（旧名：松下冷機株式会社）と国際NGO団体のグリーンピースジャパンの協業に関するものです。グリーンピースジャパンは1979年に設立されました。国内約8,369人の会員（世界全体で約300万人）を持つ極めて大規模な団体です（2021年12月時点）。NGOグリーンピースの活動範囲は核廃絶や軍縮、森林保護、海洋生態系の保護、遺伝子組み換えへの抵抗など広範囲にわたりますが、1990年代の同団体のメインの活動は、地球温暖化防止でした。こうした目標を達成するために、同団体は代替案を提示すること、消費者やメディアに働きかけることによって世論を形成すること、国内外の規制を導入・強化をすること、代替フロンや脱フロンの実現などを主要な戦略としていました。具体的にグリーンピースジャパンはグリーン・フリーズ（環境配慮型の冷蔵庫）の製品化を当面の目標と掲げました。しかし1990年代当時ノンフロン冷蔵庫は、家屋に大きなダメージを与えるなど、社会からかなり悪いイメージで捉えられており、すぐに商品化が進むような状況ではなかったのです。

②環境コミュニケーション

　ただしパナソニックだけは、1990年代初めから「地球環境との共存」を旗印に掲げており、グリーン・フリーズに対しても積極的な姿勢を示していました。グリーンピースジャパンは、同社のそうした姿勢や活動を高く評価し、商品開発や普及に向ける意見交換のために同社を訪問したり、同社の社員教育のために講師を派遣したり、無料で東ドイツの先進企業の環境技術を紹介したりもしていました。両団体の関係は友好的かつ協同的でした。

　1997年12月にCOP3（地球温暖化防止京都会議）が京都国際会議場で開催され、「京都議定書」が採択されます。こうした背景の中、グリーンピースジャパンは、主要冷蔵庫メーカーに対して一斉に公開質問状を送付しました。

ほぼすべてのメーカーから反応がなかった中、唯一パナソニックだけが、「HC冷媒採用の冷蔵庫の販売予定はあるが、時期は未定」と回答しました。同社にとっては、ノンフロン冷蔵庫は究極のグリーンプロダクツであり、環境先進企業としての地位を確立したいという目論見もあったのです。一方、グリーンピースジャパンは、ターゲットをパナソニックに絞ることで、日本での商品化を早期化できるという読みがありました。

　ここからグリーンピースジャパンは攻勢を強めます。4ヶ月で約1万2,000人の消費者の署名運動、電話キャンペーン、大阪電気街でのペンギンキャンペーンや、エコプロダクツ展での冷蔵庫比較展示など草の根キャンペーンを立て続けました。そして同団体は、パナソニックに発売時期の明確化を強く要請し続けました。当時のキャッチフレーズは、「早くグリーン・フリーズを作って！」、「グリーン・フリーズはいつ買える？」、「ナショナル（パナソニックの旧名）は代替フロンで地球を暖めています」といったものです。パナソニックにとって当時は「本当に困惑の極みであった」といいます。

　こうした中、パナソニック社内では1999年9月にGP（グリーンピース）対策室＆HC技術委員会が発足し、さまざまな対策を協議し始めました。1999年10月からは2001年1月を目途に同社内の自主安全基準づくりがスタートしています。また業界団体（The Japan Electrical Manufactures' Association（JEMA）：一般社団法人日本電機工業会）内部でも、この問題はパナソニック固有の問題ではないとの認識が広がり、業界全体で安全自主基準を策定する動きになっていきました。そして2001年10月までに、業界の安全基準の作成に関する業界全体での合意が形成できたことをふまえて、パナソニックはついに「2002年末までにノンフロン冷蔵庫を商品化する」とグリーンピースジャパンに回答したのです。

③オープン・イノベーション

　結局パナソニックは公約を守り、2002年2月にノンフロン冷蔵庫を出荷しています。同社の2001年度の冷蔵庫の売上台数は88万台であり、市場シ

ェアも18.3%と過去最低を記録していました。しかし、2002年度は111万台の売上台数で市場シェアは21.1%、2003年度の売上台数は115万台で22.3%の市場シェアを伸ばしました。

④CSV

さらに同社は結果として、環境先進企業として広く社会から認知され、業界全体の流れをノンフロン型にほぼ完全に一変しました。2003年度末には日本の家庭用冷蔵庫95%がノンフロン型となったのです。パナソニックのノンフロン冷蔵庫は、ついに日経BP技術賞も受賞しました。

3 ケースの分析：システムの推進プロセスと促進要因

外部環境マネジメント・コントロールの重要な論点は、企業が企業外の主体と共通の目的の実現（共創）のために、彼らとどのように関わることによって、どのような独自の成果をもたらすかという点にあります。外部環境マネジメント・コントロールの本質にアプローチ（接近）するためには、通常版のマネジメント・コントロールには見られない、最も特徴的な外部主体との関わりに着目することが大事でしょう。それは環境NGO・NPO団体です。特に1990年代以前、最も企業活動に対して批判的で敵対的な主体は社会・環境NGO団体でした。そもそも彼らの活動の問題意識は、文字通り社会制度や地球環境システムの諸問題に根差していますが、そうした問題をもたらしている企業と、彼らNGOとの関係はこれまでいわゆる「水と油」でした。

　ところが大体1990年代以降から、その固定観念を覆すようなパートナーシップ（協働）が始まりました。企業は社会環境問題に取り組む際に、NGOの持つ草の根的で詳細な情報や現場のネットワークを必要とし、NGOもまた企業の持つ現実的なパワー（財力、商品やサービスの展開による社会環境改善・改革力）を必要としていたのです。彼らが単なる社会環境情報の交換や意思疎通の段階（環境コミュニケーション）からいったん協働関係になると、これまでにはなかったオープンで画期的なイノベーション（Open Innovation）（Chesbrough 2006）が生まれることがあります。またここでの取り組みテーマは、経済活動に限定されず、社会環境の改善にも関わるものなので、自社の経済価値だけでなく社会環境全体の価値（CSV）（Porter and Kramer 2011）がもたらされることもあります。これまでの外部環境マネジメント・コントロール・システムの推進プロセスを示したのが以下の図表7-1です。

　ここから外部環境マネジメント・コントロールの要点は、こうした拡大された（特に最も経営の根幹から離れた）ステークホルダーとのインタラクション（関わり）の中で、社会や地球上に住まう生命体に共通の価値をもたらすことで、企業自体の画期的な成果の獲得をねらいとする点にあるといえます。

図表7-1　外部環境マネジメント・コントロールの推進プロセス

CSV
(Creating Shared Value:共通価値)

オープン・イノベーション

環境コミュニケーション
(企業外主体とのコミュニケーション)

出所：安藤（2017）より抜粋。

さらに３つの事例の特徴をまとめると、以下の図表7-2のようになるでしょう。日本コカ・コーラは、東日本大震災後のエネルギー問題により、従来から取引のあった富士電機との協業に取り組んでいます。戦略課題は、エネルギーとコストの削減と自社商品の社会からの正統性の確保が中心です。外部環境マネジメント・コントロールの結果、同社は強烈な社会的プレッシャーから解放され、継続的な自社製品の展開に成功しました。またこうした取り組みは省エネルギーにも寄与しました。

森永製菓のケースでは、日々の経済活動の中で、企業構成員が原材料調達地域の社会問題に対して、ある種の「やましさ」を感じていたことが活動のきっかけとなりました。戦略課題の中心は、自社の経営活動に関連した社会問題の改善と、企業全体の活動に対する正統性の確保です。また協業の相手も現地のNPOや地域住民、原材料納付先、地域政府などこの取り組みを通して開拓した新たな主体です。そのため前ケースの日本コカ・コーラよりは関係性に生じるストレスは大きいといえるでしょう。そして外部環境マネジメント・コントロールの結果、社会問題は改善され、わが国の消費者に対しても、原材料調達国における社会問題に気付かせるという啓蒙（けいもう）

図表7-2　外部環境マネジメント・コントロールの特性と成果

	外部環境マネジメント・コントロールの特性			成果
	動機	協業相手とその特性	重視する外部環境の次元	
日本コカ・コーラ	経済システム・レベルにおける活動存続危機への対応	富士電機（従来からの関係）	経済システム	経済レベルでは問題解決したが、社会・地球環境レベルでは根本的問題は未解決。
森永製菓	社会貢献プロジェクトの一環	NPO法人ACEや現地団体（新たな関係の開拓と構築）	社会システム	社会問題の改善と日本の消費者への啓蒙
パナソニック	「環境先進企業」としての市場における戦略的地位の確立	国際NGO団体グリーンピースジャパン（以前は確執のあった敵対的関係の克服）	地球環境システム	経済・社会・地球環境レベルにおける戦略的地位の確立

出所：筆者作成。

の効果をもたらしました。

パナソニックは「環境先進企業」としての消費者からの認知の浸透を、環境戦略の柱としていました。従来「水と油」とされた環境NGOとの激しい対立関係を一掃し、急進的イノベーション（Utterback 1994）によって、ノンフロン冷蔵庫を開発し市場に投入するだけでなく、2年以内に市場のドミナント・デザイン（首位）の座を獲得しました。結果的に環境負荷を大きく削減するだけでなく、新市場の創造により、大きな経済的・社会的な成果の向上をもたらしました。

以上から環境マネジメント・コントロールの展開において、インタラクションを戦略的に展開すればするほど、イノベーションのレベルを高めることができる（漸進的イノベーションから急進的イノベーション）（Utterback 1994）ことがわかります。つまり企業の取り組みの(1)問題意識が深く、目的が明確であり、取り組む姿勢も能動的・積極的・主体的であり、(2)環境戦略の射程とする外部環境システムが高次元であればあるほど、また(3)協働相手とのコミュニケーションのストレスが強いほど、イノベーションのレベルも高まり、結果的にCSVパフォーマンスの質的向上をもたらすことが明らかになりました。

4 まとめ

本章では3つの事例をふまえて外部環境マネジメント・コントロール・システムの推進プロセスのモデルを提示し、システム活用の成功要因を分析しました。社会・環境に関する企業と外部主体とのコミュニケーションがいったん協業関係になると、従来では考えられなかったオープンで画期的なイノベーション（Radical Innovation）（Utterback 1994）がもたらされる可能性があります。またここでの取り組みのテーマは経済活動に限定されず、社会環境の改善にも関わるものなので、最終的な成果は自社の経済価値のみならず社会環境全体の価値（CSV）（Porter and Kramer 2011）がもたらされる可能性があります。また環境マネジメント・コントロールの展開において、協業を戦略的

に展開すればするほど、イノベーションのレベルを高めることができることがわかりました。ここで戦略的とは、企業の取り組みの(1)問題意識が深く、目的が明確であり、取り組む姿勢も能動的・積極的・主体的であり、(2)環境戦略の射程とする外部環境システムが高次元で、また(3)協働相手とのコミュニケーションのストレスが強い傾向を指します。その傾向が高まるほど、イノベーションのレベルも高まり、結果的にCSVパフォーマンスの（質的な）向上がもたらされていました。

　最後に推進プロセスの特徴を分析することで、この章をまとめたいと思います。外部環境マネジメント・コントロール・システムの推進プロセスは3段階からなり、①（第1段階）環境コミュニケーション、②（第2段階）オープン・イノベーション、③（第3段階）CSVの実現でした。それぞれの段階に求められるのは、以下のような資質や能力でしょう。それぞれ①感受性（共感力、痛みや苦しみから学ぶ力）、②賢さ（境界を超えたコミュニケーション能力、経験を通して自社の強みを探索し自覚すること）、③全体・理想主義を重視（自社のみならず相手企業や社会全体を意識してあるべき理想を掲げ、その実現に向けて活動する）する姿勢です。

　つまり企業は外部環境マネジメント・コントロールの実践を通して、他者や社会、地球環境と調和して「愛される」存在になるということが重要であることがわかります。①～③をよりかみ砕いて表現すると、①やさしく、②賢く、③皆のこれからのことを考えるとなり、そうしたタイプは、おそらく皆から好かれることにつながるでしょう。経営の神様とよばれる、パナソニック株式会社の創立者の松下幸之助氏は、ある時人から「ビジネスで成功するために最も重要なことは何ですか？」という質問を受けました。その時幸之助氏は、「まあ、簡単にいうと、みんなに愛されることですね。」とも答えたといいます（PHP総合研究所編 2010）。ここで幸之助氏の「愛される」という言葉は、高い好感度を持って他者や社会から受け入れられることの重要性を示しています。企業のSDGs経営の目的の1つに、そうした要素があることを私たちは決して見過ごしたり軽視したりすべきではありません。

ここがポイント！

　通常のマネジメント・コントロール・システムの推進プロセスにはとり立てて最後にコミュニケーションの段階は想定されていません。この点が環境マネジメント・コントロール・システムの特徴といえそうです。

　この違いが起こる理由を一言でいうと企業は経済活動を通じて成果を出すことは自明（誰もがそれと認める）だからです。企業のSDGs活動は最近になって重要と捉えられつつあるものの、企業の主たる活動ではありません。そのためにそうした活動を展開するのであれば、企業外には株主や投資家、企業内にはマネジャや従業員に対して、SDGsへの取り組みに対する理解を求めなければなりません。一般的には株主の配当が減り、従業員の仕事が増えてしまうからです。まだまだあたり前の活動ではないからこそ、SDGsに対する当事者の理解が必要となり、そのためのコミュニケーションが重要ということになります。

（詳しくは安藤（2020）『環境マネジメント・コントロール：善行の内省と環境コスト・マネジメント』をご参照ください）

プラス**1**

ネスレのインド・モガ地区進出の事例

　1962年ネスレはインド市場への進出を計画し、インド政府から北部のパンシャブ州モガ地区に、乳製品工場を建設する許可を得ました。同州はいわゆる寒村地域であり、当時の貧困は深刻なものでした。一般家庭には電気もなく、交通機関や医療サービス、電話などの生活インフラも整備されてはいませんでした。農場主とはいえど所有地は平均約2ヘクタールであり、灌漑も悪く、土壌も悪化してしまっていました。雌の乳牛を1頭ほど飼っている家庭も多かったですが、牛乳は自身の家庭での飲料用が主でした。たとえ牛乳を遠隔地には輸送するとしても、冷蔵設備や交通手段、品質測定の技術もなく、牛乳を希釈したり、品質を劣化させてしまったりすることの方が多かったのです。

　ネスレがインドのモガ地区に進出したのは、事業目的であり、CSRの目的ではありません。同社が設立から継続してきた戦略は、多数の小規模農家から原材料である牛乳を直接調達する方式でした。モガで同様のバリューチェーンを構築するには、ネスレ自身が企業と地域が共有できる価値を創出していくしかありませんでした。

　ネスレはまず、冷蔵設備を備えた牛乳の集荷場を各村に設置し、トラックを輸送して牛乳を集めました。トラックには、獣医、栄養士、農地管理士、品質管理の専門家を同乗させました。病気の家畜には医薬品と栄養剤が与えられ、現地の農家を対象に、毎月研修を行いました。モガの人々は、牛乳の品質は飼料に左右されること、飼料の質は灌漑による作物の育て方が影響を与えることを初めて知ったといいます。また彼らは、ネスレから資金面・技術面における支援を受け、これまで不可能であった、深掘り井戸の採掘もできるようになりました。このように灌漑が改善されると、牛の飼料だけでなく、農作物の収穫も増え始め、小麦や米に余剰ができるようになりました。こうして生活水準が徐々に向上していったのです。

　ネスレがモガに工場を建設した当時、牛乳を供給する農家はわずか約180でした。それがネスレは現在7万5千人から牛乳を購入し、約650の村の集荷場から、1日2回原乳を集荷しています。子牛の死亡率は約4分の1まで下がり、牛乳の生産量は約50倍まで上りました。実際品質も向上し、通常のネスレの買取価格よりも高い価格で買い取ることができるようになりました。

　そのうえ、地域の人々は、2週間おきの定期収入を担保に、融資を受けやすくなりました。90%の家庭には電気がひかれ、電話も普及し、すべての村に小学校が設立されました。同地区における医師の数は、周辺地域の約5倍になりました。また農家の購買力が上がったことで、ネスレ製品も地元で消費される機会が増加しました。

　ネスレのこうした戦略は、ブラジル、タイ等ほかにも10数カ国で展開中です。いずれの国の事例においても、ネスレと地域社会がともに発展しているのが特徴です。（出所：Porter and Kramer（2006）を要約）

Exercise

1 本章では近年の企業の新しい動向として、オープン・イノベーション
　や協業といった事例を見てきました。近年企業はなぜ企業外の主体と
　ともに活動するようになったのでしょうか？　その理由を考えてみま
　しょう。

2 みなさんの自分が急成長したと思える実体験をふまえて、人や組織が
　自己変革（自分を大きく変える）するためには、何が必要かを考えて下さい。

引用文献

Chesbrough, H. 2006. *Open Innovation*: *The New Imperative for Creating and Profiting from Technology*. Harvard Business Press.

Porter, M.E. and M.R. Kramer. 2006. Strategy and Society: The Link Between Competitive Advantage and Corporate Social Responsibility. *Harvard Business Review*. 84(12): 56-68. (DIAMOND ハーバード・ビジネス・レビュー編集部訳. 2008.「競争優位のCSR戦略」『DIAMOND ハーバード・ビジネス・レビュー』33(1): 36-52.

Porter, M.E. and M.R. Kramer. 2011. Creating Shared Value: How to Reinvent Capitalism and Unleash a Wave of Innovation and Growth. *Harvard Business Review*. 89 (1/2) : 62-77. (DIAMOND ハーバード・ビジネス・レビュー編集部訳. 2011.「経済的価値と社会的価値を同時実現する共通価値の戦略」『DIAMOND ハーバード・ビジネス・レビュー』36(6): 8-31.

Utterback, J.M. 1994. *Mastering the Dynamics of Innovation*. Boston. Massachusetts: Harvard Business School Press. (大津正和・小川進監訳. 1998.『イノベーションダイナミクス』有斐閣.)

安藤崇. 2017.「環境マネジメント・コントロールの3つの目的に関する研究：パナソニックとシャープを事例として」『千葉商大論叢』55(1): 51-64.

安藤崇. 2020.『環境マネジメント・コントロール：善行の内省と環境コスト・マネジメント』中央経済社.

佐々木利廣. 2009.「企業とNPOの協働:松下とグリーンピースによるノンフロン冷蔵庫開発」京都産業大学ソーシャル・マネジメント教育研究会『ケースに学ぶソーシャル・マネジメント』: 11-29.

手塚明美. 2014.「チョコレートで児童労働をなくす協働事業:ガーナのカカオ生産地で,すべての子どもの幸せを実現するために」岸田眞代編著『第10回日本パートナーシップ大賞事例

集「協働」は国を超えて』特定非営利活動法人パートナーシップ・サポートセンター（PSC）：19-27.

PHP総合研究所編（述者：松下幸之助）. 2010.『仕事と人生について知っておいてほしいこと』PHP総合研究所.

米倉誠一郎・金成美. 2014.「日本コカ・コーラ：新型自動販売機『ピークシフト自販機』の開発と事業展開」『一橋ビジネスレビュー』61(4): 122-134.

より深く学びたい人のために

①佐々木利廣. 2009.「企業とNPOの協働：松下とグリーンピースによるノンフロン冷蔵庫開発」京都産業大学ソーシャル・マネジメント教育研究会編『ケースに学ぶソーシャル・マネジメント』：11-29.

☞外部環境マネジメント・コントロール・システムの推進プロセスに関しては、本事例がダイナミックに描かれています。

②Wieland, J. edit. 2017. *Creating Shared Value: Concepts, Experience, Crticism*. Springer.

☞CSVを多面的に理解したい人にお勧めの1冊です。CSV賛成派と反対派の主張を対比させるように構成しています。

第**8**章

内部環境マネジメント・コントロール・システム

―キヤノンの事例―

本章のねらい

1 SDGs経営の最終的なねらいは、個人や事業部が社会環境と調和しながら仕事ができるようになることです。

2 社会環境に対する取り組みの文化や風土がどのように醸成されていくのかを、キヤノンの事例をもとに捉えていきましょう。

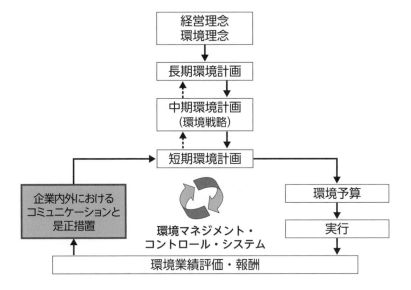

トレンドニュース

従業員エンゲージメントを経営指標に　ビジョンを実現するのは社員

　味の素が昨年2月に発表した2025年度までの中期経営計画（以下「中計」）。そこに描かれた将来像は、それまでとは一線を画すものだ。前の中計では「グローバルトップを目指す」と、規模の拡大を前面に打ち出していた。それが一転、新しい中計では売上高や利益などの規模の指標を示すことをやめた。代わりに「ROIC（投下資本利益率）」、「オーガニック成長率」、「重点事業売上高比率」、「従業員エンゲージメントスコア」、「単価成長率」の5つを重要業績評価指標（KPI）として示している。中計の達成度は役員報酬とも一部連動する。

　味の素は14年から社会課題の解決によって経済価値を創出する「ASV（Ajinomoto Group Shared Value）」を経営の中心に位置づけている。従業員エンゲージメントスコアは「従業員がASVを自分ごと化できているか」が尺度になる。具体的にはエンゲージメントサーベイとよばれる従業員意識調査を実施する。合計約80の質問の中にASVに関連する5つの質問を設けている。食と健康の課題解決に自分の業務が貢献しているという実感を従業員一人ひとりに持たせることがねらいという（野坂千秋取締役執行役専務・ダイバーシティ人財担当）。

　KPIとして掲げた従業員エンゲージメントスコアの目標は、19年度の55%から、最終的には30年に85%以上に高めることだ。その起点になるのは西井社長と全従業員との対話だ。経営計画に関して社長との対話を部署ごとに実施し、本部長との対話を経て、組織と個人の目標を設定する。続いて個人目標発表会を部署ごとに開き、全従業員が目標を共有する。目標に続いてASVを実践した成果を評価する。優秀事例はASVアワードとして表彰する。エンゲージメントサーベイによって全社の成果もモニタリングする。これと並行して個人の能力開発のための参加型イベントなどを実施する。複数の部署が組織を超えて一緒に個人目標発表会を開催し、自発的に活動の輪を広げた例もあるという。

　同社が人材の強化に力を入れるのは、環境変化にスピード感を持って対応できる体質へと変革を進めるためだ。中計（中期経営計画）の冒頭では、商品のコモディティー化や成長市場の停滞など、10年単位で起こる環境変化への対応が遅れ、成長が減速した過去の20年を振り返っている。

（出所：『日経ESG』2021年9月号25-27頁を要約）

1 はじめに

　学生の皆さんは大学に来れば、その大学の学生らしくふるまうこともあると思います。大学のカラー（特徴、雰囲気）は長年にわたって育まれてきたものです。ただ大学の改革を目指す場合、それこそトップ主導でその大学らしさの根本に何らかの影響を与えることもあります。千葉商科大学は国内初のRE100大学を達成しました。千葉県野田市にソーラーパネルを設置しただけでなく（ハードウェア）、設立の理念や教員の研究・教育の重点化（ソフトウェア）、学生団体による節電チェックや打ち水等に代表される実際の環境配慮行動（ハートウェア）といった3つの軸を中心に活動を展開しました。これは学長主導で、全学がなしえた成果といえるでしょう。このように社会環境に関わる組織文化を重視した改革のことを、「**集団レベルの内部環境マネジメント・コントロール**」とよびます。これは「構成員一人ひとりが組織に関わっているという帰属意識」をふまえて、その中心点にマネジャが働きかけることによって、組織全体のマインドに影響を与えるプロセスです。

　一方企業で働く構成員は、その企業の価値観のみで活動しているわけでもありません。構成員には入社する前から育くんできたそれぞれの人格があります。また入社して働き始めてからも、企業外の人々と接することにより、独自の価値観を作り上げていきます。このように企業で働く個々の構成員の心理レベルに影響を与え、社会環境に配慮した組織に変革していくプロセスを、「**個人レベルの内部環境マネジメント・コントロール**」とよびます。以下ではキヤノンの集団レベル、章末のプラス1ではシャープの個人レベルの内部環境マネジメント・コントロールの事例を取り上げます。

　内部環境マネジメント・コントロールは、企業構成員からのSDGs経営に対する持続的な理解と協力を得ることを大きなねらいにしています。SDGs活動は基本的に企業の自主的な取り組みです。そのため構成員のモチベーション（やる気）をいかに高めていくかが、何より成功の鍵を握ります。2つ

の事例を通して、トップがいかにメンバーの社会環境に対する「やる気」を高めていったのかを検討していきましょう。

2 ベストプラクティス：キヤノンにおける経済・社会環境価値の展開

　同じ1つの企業内にも、さまざまな集団があり、それぞれの価値観が入りまじっています。本章ではキヤノンの社会環境活動の価値観の移り変わりを、経済活動の価値観と対比させながら検討していきます。それは社会環境活動と経済活動は通常、相性が悪いことが多いからです。そしてそのせめぎあいが、組織を変えていく力になることも多いのです。

　以下ではキヤノンのこれまでの企業活動を、社会環境活動に関する価値観（以下「社会環境バリューズ」）の転換期によって、第1期（創業期：1937年8月から1945年8月まで）創業から終戦（経営理念の醸成）まで、第2期（成長期：1945年10月から1986年末まで）3つの経営理念の策定から創業50周年まで、第3期（成熟期：1987年1月から現在まで）第二の創業（「共生」の経営理念の制定以降）に区分して、経済活動の価値観（以下「経済バリューズ」）とのバランス関係を見ていきます。

(1) 創業期（1937年8月から1945年8月まで：技術志向から三自の精神）

①創業期における経済バリューズの実務的展開

　初代社長の御手洗毅（1939年取締役就任、1942年代表取締役社長に就任）は、カメラ好きの友人たち（吉田氏、内田氏、前田氏等）と意気投合し、ドイツ製のカメラをしのぐカメラを日本人の手でつくりたいという夢を持っていました。敗戦後多くの企業が生活必需品を手掛けていた最中でも、彼らは高級カメラの製造にこだわっていたのです（真鍋 2012）。

　1942年に御手洗毅が社長に就任後、東京・板橋所在の（東京都板橋区志村前野町）の大和光学製作所との合併の話が持ち上がりました。大和光学製作所は、レンズ製造に関しては、精機光学工業以上の経験と設備を持っていま

した。御手洗氏は1943年に同社の吸収合併を決定し、増大する受注に対応しようとしました。1944年4月に吸収合併事務が完了し、精機光学工業の経営は目黒本社工場と板橋工場の2工場体制となり、従業員も550名ほどとなりました。この合併によって、精機光学工業は名実ともに中規模の光学機械製造業へと成長したのです。

他方海外では、1940年にドイツのライツ社が新たに「ライカⅢC」を発売・発表しました。この製品こそ、戦後における最高水準の評価をほしいままにし、世界中で広く使用されたカメラです。こうした状況の中で精機光学工業の研究部はこの名器に挑戦すべく新製品の開発を進め、1942年にはⅢ型とⅢA型の設計をほぼ完了しました。しかし1944年春からは、日本軍の管理工場指定と資材統制の強化のもと、キヤノンカメラの製造は月産数台以下に抑制され、ついに終戦までこのカメラの市販は実現を見ませんでした。

また第二次世界大戦の時期は徴兵によって職場を去る者が相次ぎ、労働力は年々ひっ迫していきました。同社は当時では珍しく、工具対象にも月給制を採用していましたが、次第にこの月給制により増収の刺激が失われることがが心配されたため、1943年には責任生産制を導入しました。責任生産制とは、生産グループに責任を持たせた能率加給制度のことです。

目黒・板橋の両工場は、空襲が打ち続く中でも幸い被害を免れましたが、必要な原材料の著しい不足、従業員の徴兵と住居の被災、製品部品輸送の困難などが重なって操業は極度に妨げられ、生産は急落しつつ終戦を迎えました。

②創業期における社会環境バリューズの実務的展開

まず初代社長のパーソナリティや行動は、後の組織文化に大きな影響を与えるため（Schein 2017）、**御手洗毅氏の来歴について**説明していきます。

初代社長の御手洗毅氏は1901年生まれで、北海道帝国大学医学部（現在の北海道大学医学部）を卒業後、1929年に上京して国際聖母病院の産婦人科部長に就任しました。医師として働きながらも、精機光学研究所の創業当時か

ら資金面などで後方援助を続けていました。社長就任後も医師と経営者を兼務しながら、近代的な経営に手腕を発揮しました。その特徴的な例として、医師として生命を何より尊重・重視する姿勢が、社員の働きがいや生きがいを重視する「**健康第一主義**」をもたらしていきます（初期の社風の3つの柱のうちの1つ）。その具体例として、精機光学工業設立直後から御手洗毅氏は、社員に対する定期検診を制度化し、自身が従業員一人ひとりの診察にあたったことをあげることができます。

　精機光学工業は、①で述べたように、第二次世界大戦中においても雇用を拡大し続けました。ただ、一定の経験を持つ人材は軍需生産に回されたため、採用が非常に困難でした。そのため同社は、若年の見習工を広く募集・採用し、社内の教育に加えてオンザジョブ方式で養成を進めました。こうした**従業員の長期的な育成**はすでに創業当初の1939年に青年学校の設立以来開始していましたが、第二次大戦開始の前後から本格化しました。目黒工場に隣接した地所に2階建ての寄宿舎（賄い付き）を建設し、43年には2棟になり、100人以上の収容が可能となりました。こうして一時120名を超える寮生は、朝は整列して出勤して掃除をしてから工場に入り、午前中は主として学科の学習と訓練を受け、それから各職場に就業する日々を送りました。こうして、「**新家族主義**」が同社の文化として根付いていったのです。

③まとめ

　次期（第2期：成長期）の初め、終戦後に御手洗社長は3つの経営理念を制定します（「実力主義」、「健康第一主義」、「新家族主義」）。ただ公式的な制度化までに、創業期からこうした機運が高まっていたことが、ここまでで理解できるでしょう。同社には3つの経営理念よりも古くから「**三自の精神**」（自発・自治・自覚）という組織文化が醸成されていました。この組織文化は創業間もないころから醸成し始めたと解釈できます。それは同社の創業期の経済バリューの実務的展開が、「自発・自治・自覚」そのものだからです。

　同社は創業当初いわゆるベンチャー企業であり、自発的に行動することが

図表8-1 創業期の経済・社会環境バリューズの展開

経済バリューズ		社会環境バリューズ	
1937.8	光学技術の大成果：カメラを日本人の手で生産するため、精機光学工業株式会社（キヤノン株式会社の前身）を設立	1942.9	御手洗毅初代代表取締役社長就任（元々医者であったため、**「健康第一主義」**の種がもたらされた）
1944.4	レンズ製造に長けた大和光学製作所と合併。2工場体制。（⇒中規模（従業員約550名）の光学機械製造会社へ展開）		
1939.9〜1945.8	第二次世界大戦により労働力が逼迫（ひっぱく）するが、当期の特許・実用新案の件数は数十件にのぼる。	1939.9〜1945.8	大戦の影響により、オンザジョブ方式での従業員の育成（賄い付きの寄宿舎で120人強の寮生は寝食を共にする）⇒ **「新家族主義」**

出所：キヤノン株式会社企画本部社史編纂室（2012a）などをふまえて筆者作成。

求められました。職場では自らを律することはもちろん、まずは健康体であることが根本でした。自ら覚えなければ、肝心の技術も身に付けることはできません。要するに三自の精神は、同社が企業構成員に対して、<u>経済の論理にもとづく個人レベルの理念</u>として強調したと捉えることができます。

　キヤノン株式会社企画本部社史編纂室（2012b）によれば、3つの経営理念を根本から支えるのが三自の精神であるという経営者の発言も確認できます（同書3頁）。ただ3つの経営理念は三自の精神の課題を克服しようとする、より広いテーマを設定しています。「健康第一主義」は個人レベル、<u>「新家族主義」は集団・組織レベル</u>の労働・生活の論理といえるからです。このように次期では経済バリューズとともに社会環境バリューズも、より高い次元へと発展・展開していくことになります。

(2) 成長期（1945年10月から1986年末まで：人間尊重）

　1945年8月末から日本各地で軍事施設の接収が開始し、連合国軍が進駐し始めると、彼らが日本製のカメラに大きな関心を抱いていることが明らかになりました（キヤノン株式会社企画本部社史編纂室 2012a）。おりしも1950年

　6月には朝鮮戦争が勃発し、米軍の調達基地となった日本は一転して好景気となりました（いわゆる「特需ブーム」）。こうして始まった戦後から1987年の創業50周年（第二の創業）までの同社の企業活動を大まかに捉えていきましょう。

図表8-2 成長期の経済・社会環境バリューズの実務的展開①

経済バリューズ		社会環境バリューズ	
—	カメラ国内市場は急成長。 戦後いち早く優秀な技術者を積極的に採用。⇒ **今後の同社製品戦略の展開の要**	1946.4	就業規則の制定（給与額の規定など）
1950.8	本社・工場を東京都大田区下丸子（現在本社所在地に）移転（カメラ量産体制の確立）	1948.3〜	基準台数以上の増産分について褒賞金の支給 （＊対象は当初個人だったが1948.6より工場単位へ） **「実力主義」**
—	（＊1945年から1950年までに合計50件を超える特許出願）	1953.1〜	社員誕生会の発足（**「新家族主義」**）
1955.3	多角化の端緒として8mmシネマカメラ市場への参入開始	1954.4	キヤノンカメラ健康保険組合設立（**「健康第一主義」**）

出所：キヤノン株式会社企画本部社史編纂室（2012a）などをふまえて筆者作成。

①成長期における経済バリューズの実務的展開

　カメラの国内市場は戦後急成長しましたが、この時流を創ったのは二眼レフカメラでした。1951年9月にサンフランシスコ条約が締結され、日本製カメラの海外市場への進出が現実となりつつありました。しかし一時、カメラブームは供給過剰によって、1953年末には値下げ競争が起こり、市場は縮小しました。

　精機光学工業が社名を「キヤノンカメラ株式會社」に改称したのは、創立10周年を迎えた1947年9月15日でした。その後1950年8月に本社・工場を東京都大田区下丸子（現在の本社所在地）に移転した後も、同社は生産が需要に対応できないほどの好調を続けました。海外輸出と国内官庁などの需要も盛んであり、「全くその配分に苦慮」する状況となったのです。

しかし好調な市場動向とは裏腹に、生産量を拡大するうえでの最も大きな課題は、技術者の確保でした。同社は、敗戦にともなって失業し、あるいはパージ（追放）となって公職に就けない旧軍需工場の技術者や、旧陸海軍の技術士官などを積極的に採用したのです。結果として同社は、効果的に優秀な新規学卒技術者を採用することができました。正に彼らこそが、キヤノン製品の品質を向上させ、新たな技術を次々に開発し、同社を高級カメラのトップ・メーカーへと成長させた原動力であるということができます。また、同社は1945年までに合計30件の特許出願をしています。その後特許や実用新案の登録件数は1950年までに50件を超えており、活発な技術開発の成果を裏づけているといえるでしょう。

また同社は生産体制を整備の一環として、本社が立地する下丸子工場を買収しました。下丸子工場の稼働によって、同社の生産能力はカメラが約2倍の月産2,000台となりました。その後も生産能力を向上させ、1953年下期から月産3,000台に増強させています。この下丸子工場の稼働によって、**実質的な同社の生産体制が確立**したと見なすことができます。

さらに同社は、1950年ごろから**多角化戦略**を加速させていきました。これは同社のカメラ事業が安定期を迎えたことを象徴しており、その一方でカメラだけでは今後の同社の成長に限界があることを含意していました。多角化戦略の流れは2つあり、1つは総合カメラメーカーとしての展開、もう1つがカメラ以外の新規分野への参入です。

当時カメラは高級品でしたが、より顧客に身近な製品へと展開させるために、同社は「キヤノネット」という中級品を開発・販売しました。同製品は使いやすく、値頃で、しかも性能のよいものを志向しました。一般の同業者はこれに猛反対し、キヤノネット反対運動まで展開しました。一時公正取引委員会が、独占禁止法違反の疑いで調査に乗り出したこともありましたが、同社は製造原価の詳細な説明などを行い、丁寧に疑いを晴らしました。お披露目の場となった東京・日本橋の三越本店では、展示即売展の階段まで人波が押し寄せ、1週間分の商品が約2時間で完売したほどでした。こうしたキ

図表8-3 成長期の経済・社会環境バリューズの実務的展開②

	経済バリューズ		社会環境バリューズ
1961〜1962	多角化の影響で特許・実用新案の急増（1961年：86件⇒1962年：144件）	1958.9	技術部の中に特許課を設置（職務上の発明の権利帰属と対価支払いの制度化）
1969.3	キヤノン株式会社に改称（カメラ専業から事務機器の総合メーカーへ）	1962.6	翌年からの5カ年計画で週40時間労働実施計画（従来は45時間で、週休2日制の実施）
1975.9	運営委員会の設置（トップ・マネジメントの最高意思決定機関）	1962.11	カウンセラー室の設置（「健康第一主義」）

出所：キヤノン株式会社企画本部社史編纂室（2012a; 2012b）などをふまえて筆者作成。

ヤノネットの大ヒットは、同社の総合カメラメーカーへの道を確固たるものにしました。

　一方同社はカメラ以外の分野にも新規参入していきました。例えば①8mmシネカメラ、②X線、③テレビカメラ、④シンクロリーダー、⑤ドキュメントマイクロ機器などがその代表です。④シンクロリーダーからはわずか半年足らずで撤退しましたが、その他の分野には効果的に進出し、特に⑤マイクロ機器は、同社初の事務機器であったため、「事務機元年」として同社の新しい展開を見出すことができました。そして1969年の3月1日付でキヤノンカメラ株式會社は、社名変更を行って「キヤノン株式会社」となりました。これはカメラ専業というイメージを払拭し、カメラと事務機器の総合精密機器メーカーとしての大きく飛躍するためでした。具体的には右手にカメラ、左手にキャノーラ、複写機とマイクロ、光機という4つの大きな柱の確立を意味していました。

　このころ同社の特許・実用新案の出願件数は36件であり（1953年当時）、その後数年間で倍増し、1961年には86件、さらに1962年には144件に急増しました。**製品多角化の影響から、さまざまな特許や実用新案が出願・登録されたのです。**これらを受けて1958年には技術部の中に特許課が設置されました。こうして同社内における工業所有権の取扱体制が整備され、職務上の発明はその権利を帰属させるとともに、発明者に対して一定の対価を支払

図表8-4 成長期の経済・社会環境バリューズの実務的展開③

経済バリューズ		社会環境バリューズ	
1978.1	事業部制の全社的展開	1963.12	定年の延長（従来：55歳⇒今回：57歳⇒1977年以降：60歳）
1982年度	売上高3,000億円突破、経常利益280億円		⇩
1983.1	賀来社長による国際戦略の積極的展開（アメリカ、ヨーロッパ、豪州、アジア諸国）	—	3つの経営理念（「実力主義（三自の精神から発展）」、「健康第一主義」、「新家族主義」）
1987.1	事業本部制の導入（集権的事業部制）		

出所：キヤノン株式会社企画本部社史編纂室（2012a; 2012b）などをふまえて筆者作成。

うことが明文化され、研究開発活動がよりいっそう促進されました（キヤノン株式会社企画本部社史編纂室 2012）。

この時期に日本のカメラ輸出は順調に拡大し、1961年には約72億円に達しました。世界のカメラ輸出額全体（主要工業国13カ国の合計）に占める日本のシェアも1950年度の5.4％から1958年には37.2％にまで急上昇していました。

1976年には優良企業構想が掲げられ、以後2〜3年の間に日本を代表する優良企業になる方針が打ち出されました。具体的には総資本利益率を10％から15％に向上させること、借入金比率を当時の約50％から徹底的に低減させることを目標としました。そしてそれを実現する仕組みとして、キヤノン式システム（キヤノン式開発システム、キヤノン式生産システム、キヤノン式販売システム）が次々に導入・構築されました。同時にトップ・マネジメント組織の整備も行い、1975年9月には運営委員会という、実質的なトップ・マネジメントの最高意思決定機関を設けました。こうして同社は近代的な組織体制を次々に整備していきました。

さらに同社は**1978年に全社的な事業部制を導入**しました。すでに設置されていた光学機器事業部に加えて、カメラ事業部、事務機器事業部が新設され、それぞれは製品別の事業部として位置づけられました。なお販売に関しては、国内外の地域別の各販売会社に任せる体制となりました。こうして同

社は事業部制的集権化を確立していったのです。

1977年には中央研究所が製品技術研究所として改称され、新製品および技術の研究開発を充実化させていきました。1980年以降は長期不況の中で、同業他社の多くも減益を強いられる状況の中、円安に支えられ同社は1982年に売上高3,000億円を突破し、経常利益は280億円台と史上最高益を達成しました。賀来社長は83年の年度重点方針として4点をあげましたが、その第一が海外戦略の強化と経済摩擦への対応でした。ついに同社はアメリカでは一流企業の証とされるビリオンダラー・カンパニーの仲間入りを果たし、82年1月にはキヤノンヨーロッパN.V.を設立、ヨーロッパの3大販売会社（キヤノンフランス、キヤノンビジネスマシーンズ（U.K.）Lted.、西ドイツの3つの株式会社（キヤノンユーロフォト、キヤノンレヒナー、キヤノンコピールクス））を再建しました。またオーストラリアには、複写機を扱うキヤノンコピアオーストラリアとそれ以外の製品を担当するキヤノンオーストラリアの2社がありましたが、1983年に本社をメルボルンからシドニーへ移し、84年には両社を合併して新生キヤノンオーストラリアが誕生しました。またアジア諸国（主に中国、韓国、インド）では同社は、生産委託という形式を採用しました。1985年当時、同社の連結売上高において、海外売上高は71.4％を占め、従業員数では3万3,517名のうち、32.0％の1万730名が海外従業員でした。また海外子会社数は1985年末の現地法人39社のうち販売会社は33社、生産会社は6社でした。

1983年には事業本部制が導入されました。そのねらいは、「強い事業部と強い本社」にありました。賀来社長は、事業部制の導入から10年弱が経過して、事業部の強化については成果を上げてきた反面、本社機能がかなり手薄になったことの反省をふまえ、厳しい経営環境においては本社機能の役割は大きいと判断したのです。そして1985年賀来社長は、年頭の挨拶で、1987年の創立50周年を第二の創業の年として全社員が一丸となって取り組もうというメッセージを送りました。あと2年間で社員全体が創業者になったつもりで、今後の同社の方向性、新しい経営理念の制定などに全力を上げ

て取り組もうというものでした。賀来社長は、同社の成長が新たな段階にさしかかっていることを予見していたのです（キヤノン株式会社企画本部社史編纂室 2012a）。

②成長期における社会環境バリューズの実務的展開

　事業再開の半年後の1946年4月の精機光学工業は就業規則を制定し、その中で給与も規定しました。一方、同年3月労働組合法施行を受けて、7月に精機光学従業員組合が結成しました。組合員は270名で、100％の加入率でした。組合結成に際しての宣言に、「会社は経営により結合させられたる労使生命共同体」であると謳われています。当時の日本社会一般で高揚していた労働運動のあり方とはまったく異質のものであり、同社が**構成員を配慮・重視する同社の姿勢**がここからも読み取ることができます（キヤノン株式会社企画本部社史編纂室 2012a）。

　1948年同社は、基準台数以上の増産分について、増産褒奨金を支給する制度を導入しました。このころは①で述べた通り、需要が過剰であったため、少し金に加えて、当初はその倍額を支給することにしていましたが、結果的に効率的な作業員に仕事が集中し、個々人間での生産量のばらつきが大きくなり始めました。これは作業の標準化をかえって妨げることになったため、増産褒奨金の支給単位を工場・本社単位に変更しました。こうして全社的なチームワークを基盤とした、**合理化にもとづく高能率・高賃金**の理念が追求されるようになりました（キヤノン株式会社企画本部社史編纂室 2012a）。

　また1950年には「三分説制度」による特別手当支給の覚書が組合との間で取り交わされました。「三分説制度」とは、利益は労働（社員）、資本（株主）、経営（経営者）の3者で分けるべきで、それが企業発展の要であるという御手洗毅社長の哲学を具現化した制度です。具体的には年2回の決算時に対象期間の利潤を精算し、その3分の1を社員のボーナスとして支給するものであり、その代わり組合は臨時手当の要求はしないことになりました。

　1962年には翌年からの5年計画として、週40時間労働制実施計画を決定

しました。それまで同社の勤務時間は、週6日制45時間労働制でしたが、これを週休2日制1日8時間労働としました。また社員の精神面の健康を支えるため、1962年11月にはカウンセラー室（人事相談室）が設置されました。さらに1963年には定年が55歳から57歳に延長され、1967年には定年退職後再雇用制度（57歳から60歳対象）も実施されました。1977年3月には定年を60歳へ延長しています。その他「新家族主義」にのった**福利厚生制度も**さまざまに展開されました。

御手洗社長は1958年の入社式において、同社を貫く社風について以下のように述べています。

「わが社に於いては、学閥というものはなく、大学を出たからといっても特別な待遇は致しません。実力さえあれば、どんどん伸びるということを強調しておきたいと思います。（中略）わが社では、健康問題については、特に留意し、結核患者も異例に少なく、現在全従業員中、結核による長欠者は、0.6％位しか居りません。」（キヤノン株式会社企画本部社史編纂室 2012a）

以上の具体的な労務施策や実際の御手洗社長の証言から、成長期の同社の組織文化として、「実力主義（三自の精神）」、「健康第一主義」、「新家族主義」、の3つの要素を指摘できます。これらは同社で**3つの経営理念**とよばれています。

③まとめ

当期に制定した3つの経営理念は、三自の精神の持つ課題の克服に向けた、より広いテーマです。それは3つめの要素の「新家族主義」に表れています。創業間もないころの同社は極めて少人数であったため、個人レベルでの人間関係が公私問わず盛んでした（福本 1962）。この理念を大規模化しつつあった同社で再び実現しようとしたのが「新家族主義」です。三自の精神からこの概念が発展的な要素を持つのは、前者が個人志向であるのに対して、後者は集団志向の要素も含むためです。

しかし、あくまで「新家族主義」は、3つの経営理念のうちの3番手であり、本格的な展開は次期以降になります。**当期の主要な文化構成要素は、実**

力主義と健康第一主義です。これらはいずれも個人レベルの価値観であり、前者が経済バリューズ、後者が社会環境バリューズです。つまり成長期の社会環境バリューズは、「個人レベルにおける労働と生活の価値を重視するもの」であったといえます。そのため本書ではこの社会環境バリューズを「**人間尊重**」と概念づけることにします。

(3) 成熟期（1987年1月から現在まで：共生）

①成熟期における経済バリューズの実務的展開

　1988年1月同社の創業51年目は、「第二の創業：世界人類との共生のために、真のグローバル企業をめざす」という新たなビジョンで始まりました。このビジョンは、85年から始まっていたCIF（Canon Into the Future）活動をベースに、ビジョン基本構想分科会、CIF推進委員会における討議を経て、87年11月の経営会議で決定しました。新たなビジョンは、図表8-6の通りです。

　ここで賀来社長の意図した目標としての「グローバル企業」は、企業活動の結果各国で獲得した利益を、できるだけその国や地域に社会還元し、再投資するという活動を意味しています。

　賀来社長は真のグローバル企業の基盤確立を目指し、第1次グローバル企業構想（1988年から1992年）をスタートさせました。しかしグローバル企業構想は当初から確定した目標を設定するのではなく、全社的な組織として以

図表8-5　**成熟期の経済・社会環境バリューズの実務的展開①**

経済バリューズ		社会環境バリューズ	
1988.1	**第二の創業** （カメラのキヤノンから映像・画像のキヤノンへ）	1990.1	山路社長が「EQCD思想」を提唱
1988～1992	第一次グローバル企業構想 （1988年～1995年まで 海外売上高比率は70％前後で推移）	1992.4	「地球環境大賞」を受賞 （フジサンケイグループ主催）
1993.3	御手洗肇代表取締役社長に就任 （「通心」の実現を標榜）	1993.12	「環境憲章」を制定 （理念・目的・基本方針から構成）

出所：キヤノン株式会社企画本部社史編纂室（2012a; 2012b）などをふまえて筆者作成。

図表8-6 キヤノンの第二の創業ビジョン

1. 企業理念

<u>世界の繁栄と人類の幸福のために貢献すること</u>
<u>そのために企業の成長と発展を果たすこと</u>

2. 企業目的
   - 国境を越え、地域を限定せず、しかも積極的に世界全体、人類全体のために社会的責任を遂行すること（真のグローバル企業の確立）
   - 世界一の製品をつくり、最高の品質とサービスを提供し、世界の文化の向上に貢献すること（パイオニアとしての責任）
   - 理想の会社を築き、永遠の繁栄をはかること（キヤノングループ全員の幸福の追求）

3. 事業展開
   - 右手にハード、左手にソフト（ハードとソフトの相互刺激・融合）
   - 右手にハード：最も得意とする技術領域を徹底的に深耕させる。
     そこから生まれてくる関連事業を積極果敢に拡大させる
     （世界における技術的優位の確保）
   - 左手にソフト：キヤノンハードの枠にとらわれず、人間の創造性を触発する製品・ソフト・システム・サービスの開発を目指す
     （新しいキヤノンパワーの創造）
   - ネットワーキング
     高度情報化社会への移行の中で、ハード・ソフト・システム・サービスを含め、ネットワーク時代に適合した事業領域の拡大を図る
   - グローバリゼーション
     最適な国際分業を基本に、あらゆる企業戦略をグローバルに展開していく。さらに世界の優れた企業との積極的な提携を推し進める

4. 行動指針
   - 国際人主義：異文化を理解し、誠実かつ行動的な国際人をめざす
   - 三自の精神：自発・自治・自覚の三自の精神をもって進む
   - 実力主義：常に、行動力、専門性、創造力、個性を追求する
   - 家族主義：互いに信頼と理解を深め、和の精神をつらぬく
   - 健康第一主義：健康と明朗をモットーとし、人格の向上につとめる

出所：キヤノン株式会社企画本部社史編纂室編（2012a）458-459頁から抜粋

下の委員会を設定し、その中で課題と目標の設定がなされました。それらの委員会とはキヤノン式グローバル研究開発システム推進委員会（G-CDS）、キヤノン式グローバル生産システム推進委員会（G-CPS）、キヤノン式グローバルマーケティングシステム推進委員会（G-CMS）の3つです。

　1988年における連結子会社は51社であり、持分法適用子会社は14社で、連結財務諸表に影響しない関連会社を含め、キヤノングループは140社で構成されていました。1995年になると連結子会社が108社、持分法適用子会社が8社、その他関連会社を含めキヤノングループを構成する会社数は289社で、この間に約2倍になりました。地域別の連結売上高で見ると、海外売上高比率が1988年から1995年まで70％前後で推移しました。同社がグローバル企業を標榜し、環境経営を前面に掲げ出したのは、こうした動向をふまえていたのです。

　当時同社は売上連結高1兆7,279億円を記録していましたが、財務的な内容は決して健全とはいえませんでした（1990年度）。1990年度は現預金が4,816億円であったのに対して、有利子負債は6,293億円にも上っていたのです。当時の同社の経営陣の多くは技術系出身者で占められており、「よい商品を開発すれば、企業はよい方向に向かう」という風潮がありました。よい製品を開発して事業を拡大するためには、積極的に借金をすることはむしろ「善」であるという傾向が強かったのです。このため、同社の株価は低迷

図表8-7 成熟期の経済・社会環境バリューズの実務的展開②

経済バリューズ		社会環境バリューズ	
1996.1	御手洗冨士夫代表取締役社長に就任「グローバル企業グループ構想」（新5カ年計画）①利益重視の経営②部分最適から全体最適へ	1996.1	御手洗冨士夫社長の改革とは裏腹な人事制度の堅持（例：終身雇用制度など）
2005.12	時価総額が6兆1,3000億円（＊当時日本企業全体で第9位。1995年比で約6倍	2000	マイスター制度の導入（コスト・ダウンと「労働の人間化」）

出所：キヤノン株式会社企画本部社史編纂室（2012a; 2012b）などをふまえて筆者作成。

し、株主配当も低い状態が続いていました。

22年強のキヤノンU.S.A勤務を終えて帰国し、同社本社事務部門担当の専務執行役員に就任した御手洗冨士夫氏は、理想としたアメリカ優良企業と比較して、こうした財務体質をかなり問題視していました。しかもバブル期の膨張した各事業部は独立性を高め、本社の求心力は著しく低下していました。本来全社的な判断をすべき経理・人事部門も、各事業部の縦割り慣行に飲み込まれて、全体最適をめざす実行力を失っていたのです。

こうした中、「青天の霹靂」として御手洗氏が1996年1月に社長に就任しました。就任後半年も満たない1996年1月に御手洗氏は新5カ年計画として、「グローバル優良企業グループ構想」を掲げ、同社の現状に対する問題意識と改革の方向性を明らかにしました。御手洗氏は全責任を社長である自分が負って、経営革新に邁進する覚悟を決め、文字通りたった1人の代表取締役となったのです。

御手洗氏の経営改革のポイントは以下の2点にまとめることができます。1点目は**利益重視の経営**です。実際不採算事業からの撤退などが開始されましたが、制度としてはキャシュフロー・マネジメントとして展開していくことになります。その根本的な考えを御手洗氏は以下のように述べています（『キヤノンライフ』2001年3月号）。

「日本には以前から、固定費を回収するためなら利益を脇において売上を拡大すれば良いという間違った考え方があります。これでは運転資金を借金で賄うことになり、いわゆる自転車操業に陥りやすいのです。特にキヤノンのような、アイディア段階から開発して、生産、販売するという長時間をかけて投下した資本を回収していくというメーカーにとって、投資を借金で賄うのは危険が大きすぎます。やはり世界的な優良企業のように自己資本の充実化を図ることが必要です。そこでキャシュフロー・マネジメントを導入して、在庫や経費の削減といった経営努力、そして純利益と減価償却、これらを合計した金額の範囲内で研究開発や設備などの投資をする。つまり自己資本で賄うことにしました。」

　同氏の改革のもう1点が、「**部分最適から全体最適へ**」の目標の実現にありました。当時の同社では、各事業部レベルでの最適化が追求される一方で、全社レベルでの最適化が希薄になっていました。実際同社全体で見ると、事業部同士の非効率の重複や、利益相反が発生していました。

　その一環として、縦の壁を解消するために、「連結事業本部別業績計算制度」を導入しました。これは企業連結ではなく、事業単位における連結経営を重視する立場から実施されたものです。これまで同社は全世界の販売機能を地域別に設立した独立法人に置いており、事業部は製品を販売会社に出荷した時点で、売上と利益が出るような仕組みになっていました。これまで期末になると販売会社は、各事業部からの要請を受けて、追加出荷を受け付け、無理な売上づくりに協力させられていた実態がありました。しかしこれでは、グループとしての売上や真のグループ競争力の向上につながらないことを、御手洗氏は痛感していました。同制度実施後は、事業部は販売会社とともに、製品を最終消費者に販売するまでの責任を負うことになり、こうした製販分離体制の解消は、次第に開発部門にも市場のニーズが届くようになっていきました。

　また事業部の上流である生産部門とも縦の壁が存在していました。実際市場での販売状況が生産部門に反映されるまで、従来は必要以上の時間を要しました。事業部は機会損失を免れるために過剰な在庫を抱え、また生産部門が赤字になっても単独の損益は影響を受けませんでした。こうしたことも、同制度の導入により、サプライチェーンの観点から全体最適が図られるようになっていきました。また、年2回開催されるグループ幹部会において、連結業績評価制度にもとづいた事業本部別の業績評価結果が経理本部長から発表とコメントがされることで、同社グループの全体最適がいっそう図られ、構成員の意識にも浸透していきました。

　一方、事業本部間をさえぎる横の壁も存在していました。これを解消するための経営制度として、経営革新委員会は「マトリックス体制」を展開しました。経営革新委員会の委員長は御手洗氏が務め、メンバーはマトリックス

状の事業本部横断チームを編成し、縦の事業本部に横串を通す構成にしました。同委員会では開発・生産方式・物流販売といったあらゆる事業本部に共通する課題を中央集権的な体制のもとで解決するため、1998年に設置しました。目標は「成果と効率は2倍に！　時間とロスは半分に！」であり、スローガンは「Speed & Quality」でした。

　1995年末時点で1兆5,600億円あまりだった同社の時価総額も、2005年12月には6兆1,300億円となりました。これは日本企業の順位としては9位であり、製造業社では3位でした。一連の経営革新の成果が、時価総額約6倍という結果となって現れたのです。

　御手洗氏は2006年5月に経団連会長に就任しました。それに先立つ同年5月に同氏はキヤノン会長となり、新社長には技術系出身者の内田恒二氏が就任しました。この人事は、御手洗氏はCEO（最高経営責任者）として引き続きグループ全体の戦略の策定を行い、内田新社長はCOO（最高執行責任者）として優れた技術を見極め、イノベーションによる利益重視経営の展開を行うという役割分担でした。こうして同社はさらなる経営体制の強化とグループ競争力の向上を同時に図ったのです。

②成熟期における社会環境バリューズの実務的展開

　1990年に就任した山路敬三社長は、年頭方針として、「EQCD思想」を打ち出しました。EQCD思想とは、E（Environment：環境保証）、Q（Quality：品質）、C（Cost：原価）、D（Delivery：納期）の頭文字で、後に続く3つに優先する課題として環境保証を位置づけました。ここで環境保証とは、環境保護（Protection）という守りのイメージから一歩踏み出して、保証（A：Assurance）という積極的な姿勢を込めています。この考え方にもとづいて、同社は1989年にフロン対策委員会を設置し、92年に特定フロン、95年に第二世代フロンの活用を中止しました。

　1990年12月に環境保証担当役員を置くとともに、環境保証専任組織として環境保証推進員会を設置し、1991年に環境保証推進計画を策定しました。

同年には廃棄物（紙5種）の分別回収、包装材パルプモールドの導入、1992年からはプラスチック材料の表示、ガラススラッジ無鉛化技術の確立、廃棄物（プラスチック7種）の分別回収などを次々に展開しました。

さらに1993年3月には、これまでの環境対策を総合的に推進するための「環境憲章」を策定しました。この憲章では、環境保証の理念、目的と基本方針が図表8-8のようにまとめられました。

図表8-8 キヤノンの環境憲章

1. 理念
   環境保証ができなければ、企業として存続する資格がない。
2. 目的
   エコロジーに問題のある製品は作らない。エコロジーに問題のある工場では生産しない。
3. 基本方針
   ①事業活動と地球環境が調和する製品技術・生産技術・評価技術などの環境保証技術を積極的に開発する。
   ②製品の開発・設計にあたっては、事前に環境影響評価を行い、省資源、省エネ、リサイクル性など、環境負荷の極小化を図り、その一生を通じて地球環境と調和する製品の提供に努める。
   ③研究・開発・生産・販売活動における省資源、省エネ、廃棄物削減などの環境負荷の軽減を地球規模で積極的に推進する。
   ④行政機関の環境政策に協力する。
   ⑤良き企業市民として社会、地域における環境保護活動を積極的に支援し、協力する。
   ⑥キヤノンの社員として、かつ良き市民として地球環境保護に貢献してゆくために、環境保護強調月間の設定、環境保証提案制度の運用、教育訓練など、会社をあげて環境保護意識の高揚を図る。

出所：キヤノン株式会社企画本部社史編纂室編（2012a）521-522頁より抜粋

1990年にはカートリッジ回収リサイクルを開始していましたが、この先進的な取り組みに対して、1992年に地球環境大賞（フジサンケイグループ主催）が授与されました。また1995年3月にはヨーロッパ以外の企業としては初のイギリスの環境管理規格BS7750の認証を、阿見事業所と上野工場が取得しました。

また1996年に社長に就任した御手洗冨士夫氏は、経営システムや手法には世界共通のものがあると考えていましたが、人事に関しては基本ローカル

なロジックや慣習があると考えていました。そのため同社の人事改革制度改革は、日本企業の従来の労働慣行を全面的に崩すことなく進められました。例えば組織的な緊張が帰属意識を低めるといった理由などから、終身雇用制は堅持されました。一方で年功序列給の廃止に替わる目標管理制度やそれにもとづく賃金制度など、同社の現状に適した改善は行われました。

　同社は三自の精神をさらに重視して、構成員に競争意識を持った実力主義を経営制度の面から醸成させようとしました。具体的にはその一環として賞与体系の変更を行い、役割等級が反映される「賞与基本額」、前年の個人評価が反映される「個人業績加算額」、その年の同社業績が反映される「会社業績加算額」からなる新体系を導入・開始しました。

　さらに自立した工員を創る目的で、「マイスター制度」を導入しました。以前は同社の生産システムはベルトコンベアによる大量生産方式でしたが、他品種小ロット生産形式への移行にともない、セル生産方式を次々に導入していきました。セル生産方式導入の目的は当初徹底的なコスト・ダウンにありましたが、思わぬ副次的な成果がもたらされました。ベルトコンベア方式による大量生産では、工員同士のコミュニケーションはそれ程多くなかったものの、それが頻繁になり、**労働の人間化**が進んだことです。工員のモチベーションが上がり、実際に生産性も向上しました。同社はこれを受けて、マイスター制を2000年に導入し、優秀な多能工を表彰することにしました。ベルトコンベア方式だと生産工程の一部を黙々とこなすことが工員には求められましたが、セル生産方式だと全生産工程を1人もしくは他の工員と協働して達成することができるようになります。こうした優秀な多能工を同社はマイスターとよび、全社的に奨励していきました。

③まとめ

　当期は山路社長による第二の創業の提唱に始まり、御手洗肇社長の「通心」経営へとつながりました。ここではキヤノンが創業以来重視していた「技術重視」文化に対する一種の再考と改善を構成員全員に促しています。ここで

まず組織文化（組織レベル）と経営心理面に（個人レベル）対する「揺さぶり」（竹内他 1986）をかけていることがわかります。

　しかし実際に企業経営を抜本的に改善していたのは、御手洗冨士夫社長でした。直接肌で感じていたアメリカ優良企業の実態にならい、同社の最大の弱点である財務体質の強化と生産革新を徹底的に実行し、改革を実現しました。

　ただ御手洗冨士夫社長も、労務施策や経営慣行に関しては文化的要素が非常に強いと考えていたため、基本的に日本型の経営をふまえて展開しました（具体的には終身雇用の堅持など）。

　このようにキヤノンは、「経済価値」と「社会環境価値」をともに重視し、これらを実際に展開してきた歴史を持ちます。以下では、その展開内容に関する分析を深めながら、キヤノンの内部環境マネジメント・コントロール・システムの構造分析を行っていきましょう。

3 　ケースの分析：システムの構造分析

　これまでのキヤノンの経済バリューズと社会環境バリューズの相互関係を表したのが以下の図表8-9です。

図表8-9 　キヤノンにおける経済・社会環境バリューズの展開

	コンセプト	経済バリューズ	社会環境バリューズ	次元
第1期	三自の精神	技術重視	健康第一主義 （特徴事例：社長自ら社員全員を健康診断）	個人レベル
第2期	優良企業 （3つの経営理念）	多角化戦略にともなう国内事業の展開	人間尊重 （特徴事例：労使共同体：労組100％の加入率）	組織レベル
第3期	共生	経済規模のグローバル化	環境経営 （地球環境問題と労働の人間化への取組み）	世界レベル

出所：筆者作成。

　同社は光学技術にもとづく製品：カメラを事業展開の中枢にすえてきたため、中核的な戦略要素と価値は「技術」にあるといえます。これはあらゆる時期に特許戦略を一貫させていた事実からもわかります。

　第1期は「自発、自治、自覚」からなる「三自の精神」を醸成しました。技術を身に付けるのは基本的に個人的な活動であるため、まず自主的・自律的な個人であることが構成員として求められました。同期は個人レベルの活動が重要であったため、社会環境バリューズの内容としては、個々人の健康を第一に優先しました（健康第一主義）。ここで特徴的な活動として、社長自ら社員全員に一人ひとり健康診断を行ったことをあげることができます。第2期は事業規模を拡大させ多角化を進行させるとともに、事業部（本部）制を展開しました。こうして同社は近代的な組織体制を整備していきます。1976年には優良企業構想を掲げ、これを期内に実現しています。同期は組織レベルの活動が中心であったため、社会環境バリューズとしての活動も「労使共同体」を強調しています。同社内で100％の労組加入率を達成したことも象徴的といえます。第3期は経済活動のグローバル化がますます進行した時期です。アメリカのエクセレントカンパニーを理想とした御手洗冨士夫社長が経営改革を実行しました。同期の経済活動は全世界レベルであったため、社会環境活動としての環境経営も全世界規模で展開しています。これは海外進出国でのさまざまな資源（主に人的、物的、環境的側面）の活用に対する批判を和らげる役割を果たしているのかもしれません。

　このようにこれまでの同社のあらゆる時期を振り返ると、経済バリューズと社会環境バリューズをそれぞれの時期において効果的にバランスさせようとしている実態を捉えることができます。一方、個々の3期を全体的な流れとしてみたとき、以下の図表8-10のように表すことができるでしょう。

　これまでのキヤノンの歴史を振り返ると、経済バリューズと社会環境バリューズをそれぞれの時期においてうまくバランスをとろうとしていることがわかります。しかし、それぞれの時期で課題も出てきています。図表8-10のように、第1期は資本の論理を優先させて、まず事業の基盤を確立させて

図表8-10 キヤノンの内部環境マネジメント・コントロール・システムの構造

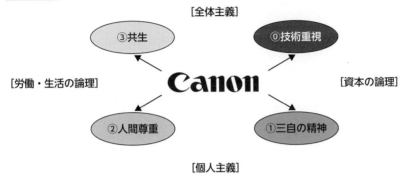

出所：筆者作成。

いMS（第1期：技術重視から三自の精神へ）。次第に事業運営が安定してくると、従業員の福利厚生制度を充実化させる政策を強く打ち出しはじめ（第2期：人間尊重）、最終的には企業全体のレベルで地球環境などとの共生をグローバルな政策課題としています（第3期：共生）。つまり大きくは、資本の論理から生活・労働の論理への移行です。このように同社の内部環境マネジメント・コントロール・システムは、当期に解決できなかった主要な課題に対して次期に取り組むことによって、着実に課題解決しようとしていることがわかります。そしてその取り組みは同社の組織文化として構造化されています（図表8-10）。

　内容をより詳しく見ていくと、まず同社の組織文化として最も捉えるべき要素は、「⓪技術重視」という点です。創業者が技術士集団であり特許戦略を展開してきた経緯や、製品が精密機械であることからも、技術力で市場における競争力を発揮していると捉えることができます。もちろん技術力はチームワークの結果として発揮されるものですが、特許の獲得のためには従業員一人ひとりが個人レベルにおける知識や技術力を高めることが重要です。そのため、⓪技術重視（集団レベル）から①三自の精神（自発・自治・自覚）（個人レベル）へは創業間もない時期から重点の移行が起こり、2つの要因で組

織をバランスさせていました。一方で、就業規則の整備にともなう褒賞金制度の展開（1946年）や三分説制度（1950年）の制定などにより従業員の労働に対する手厚い保護と報酬にも前向きな姿勢を持っていました。さらに三自の精神はそうした職務（資本）の論理だけでなく、3つの経営理念へと発展し、健康第一主義にもとづいた政策を打ち出していきました。さらに「新家族主義」政策の一環として、福利厚生制度の充実化にも着手しました。

　これは⓪技術重視と①三自の精神のバランスが悪くなり、⓪技術重視（集団主義的な資本の論理）がさらに強まったため、福利厚生の立場から職場で働く個人を大切にする方針をとっていたと考えられます。これらの活動原理が②の人間尊重です。

　ただ3つの経営理念における最後の構成要素の「新家族主義」は、次期の「共生」の文化要素へとつなげる架け橋にもなっています。この文化要素は、個人レベルから全体レベルへの労働・生活の論理へと移行を促す役割をも果たしているからです。こうした中同社は、1978年に製品事業部制を本格的に導入し、独立採算制を強く打ち出し始めます。そのねらいは「独立会社的に責任権限を持ち、効率的に専門的にその事業を運営し、各事業ともそれぞれの市場でトップの地位を確保すること。」（キヤノン史編集委員会1987）にありました。特に海外事業活動の規模や責任が極端に大きくなり、ますます製品レベルにおける技術志向を強めた同社は、①三自の精神と②人間尊重だけでは技術重視志向の文化要素とのバランスをとることがもはや困難になってしまいました。

　そこでトップは創業50周年の翌年1988年を第2の創業の年と定め、「世界人類との共生のために真のグローバル企業を目指す。」と「第二の創業」を宣言しました。これ以降のキヤノンの企業活動は、基本的にこの③「共生」の理念の実現を目指すものです。キヤノンの定義する「共生」とは人と人、人と機械、人と自然の3つであり、キヤノンの環境経営も現在この経営理念実現の一環として行われています。地球環境保全は企業にとって確かに重要な課題ですが、世界レベルかつ長期的な取り組みが必要な点において、非常に解決困難な課題です。言い換えると、それに取り組むことを宣言して牽制

しなければならないほど、キヤノンは第二の創業（1988年）前から現在に至るまで、技術重視の経済バリューズがますます大きくなっていったといえます。

　要するにキヤノンにおける組織文化の中心は「技術」であり、それとバランスをとるためにさまざまな対立軸を模索・策定し続けた歴史があり（①技術重視から三自の精神→②人間尊重→③共生）、現在この「技術」とバランスをとる最終手段として1企業体だけではとうてい解決不可能な「地球環境問題」をかかげ、現在に至っているといえます。

4 まとめ

　本事例から企業が持続的に自社の競争力を高めるためには、どのような取り組みが重要かについて考えていきましょう。「**企業は成長にともなって経済活動を拡大していきますが、それと同じ活動レベルの社会環境活動の展開が有効である**」ことがわかります。それは「あの会社ばかり儲かっている」といった多様なステークホルダーからのねたみをかわす意味もあるかもしれません。ただそうした単純な感情論だけではなく、バランスのとれた価値観や経営資源の配分は、成長を望む企業にとって実は非常に重要だということがわかります。確かに現代経営学の権威バーナードも「個人は自分の行為によってその動機が満たされていることがわかると協働体系を続けるし、そうでない場合には続けない。そうでなければ協働体系は致命的であろう（中略）これは協働体系を存続させる均衡の能力、すなわち負担を満足と釣り合わせることといえる」と指摘しています（Barnard 1938, 56-57）。実際一企業内にもキヤノンほど巨大企業となれば、さまざまな下位の組織や関連する団体があるでしょう。それぞれの組織はそれぞれの価値観を持つでしょう。企業トップが特定の組織だけを優遇することは、企業の持続性の観点からも有効ではないといえます。短期的にはどこかを優遇したとしても、中長期的にはバランスのとれた資源配分が重要です。この点について Barnard（1938）は「協

働体系は常に動的なものであり、物的・生物的・社会的な環境全体に対する継続的な再調整の過程である。その目的は個人の満足であり、その能率は、結果として環境全体の歴史を変えることを必要とする。協働体系は、その環境の物的・生物的・社会的な構成要因の変化によって、このことを行う」と指摘しています。こうした指摘は本章で検討した内部環境マネジメント・コントロールの要点を表わしています。企業成長の事実は企業と外部環境との関わりが良好であることを意味しています。ただそれは実際企業内部の構成員がもたらした成果そのものであるといえるでしょう。**企業の成長はこうした活動の実際の担い手である構成員に対する配慮や、そもそもの彼らの働く動機の充足をないがしろにしては成り立ちません。**まさに企業の経済活動と社会環境活動は表裏一体のものとして取り組んでいくことが、長期継続的な企業経営にとって有効といえるでしょう。

プラス**1**

シャープの内部環境マネジメント・コントロール・システムの活用例

　シャープは環境問題という不確実性が高くチャレンジングな課題に対して、小集団活動の展開を通じてSDGsへの意識浸透を図ってきました。小集団活動とは、職場で発生した課題を現場の構成員が、自主的に改善しようとする日本独自の活動です。職場のマネジャと現場レベルの従業員は緊密なコミュニケーションをとることによって、現場から問題点を摘出させ、現場で改善活動を実施させ、優れた小集団活動を経営戦略として効果的に創発・展開していました。しかも優れた活動の成果は事業部の業績評価にも反映させていました。

　また実施当初の小集団活動や業績評価システムはトップダウンで実行されている組織目標の達成のためのシステムなので公式システム（企業の制度）です。また小集団活動から相互監査（他の現場の取り組みの見学や自部署の紹介から学習し合う）や他の現場と共同の小集団活動にも発展しました。これらはシャープの組織文化や価値を反映した従業員の自発的な活動で、結果的にも企業構成員の取り組みの意識やモチベーションに影響を与えていますので、こちらは非公式シス

テム（自然に発生する構成員の意識や文化）といえます。

　非公式システムの機能は公式システムのように、明確にシステムの範囲が規定できるものではありません。公式システムが有効に機能し始めると組織内で自然に生成するものです。そしてそれがある一定レベルに達した時に制度化され、それとともに従業員の取り組みの意識は急上昇する傾向にあります。そうした活動の活性化によってベストプラクティス（優秀事例）が日常化されれば、公式システムが変更されることすらあります（この事例では業績評価指標の変替がなされました）。

　このようにSDGs達成に向ける公式システムの双方向の活用は、非公式システムの生成によって従業員の意識改革をもたらし、新たな組織制度の変革を成し遂げています。

（出所：安藤 2020）

図表8-11　**内部環境マネジメント・コントロール・システムの有効な活用方法**

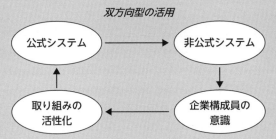

双方向型の活用

出所：インタビュー調査をもとに筆者作成。

Exercise

1　環境マネジメント・コントロールやSDGsの展開において、内部環境マネジメント・コントロールの果たす役割は最も重要としましたが、その理由を答えなさい。

2　地球環境問題の改善と解決に向けて、あなたは何が最も重要なポイントと考えますか。その理由とともに答えなさい。

引用文献 ▰▰▰▰▰▰▰▰

Barnard, C.I. 1938. *The Functions of the Exective*, Harvard University Press.（山本安井次郎・田杉競・飯野春樹. 1956.『新訳　経営者の役割』ダイヤモンド社）

Schein, E.H., P. DeLisi, P. Kampas and M. Sonduck. 2003. *DEC is dead; Long live DEC: The lasting legacy of Digital Equipment Corporation*. Berrett-Kohler.
（梅津祐良・横山哲夫訳. 2012.『組織文化とリーダーシップ』白桃書房.）

Schein, E.H. 2017. *Organizational Culture and Leadership, 5th Edition*. John Wiley & Sons, Inc.

キヤノン史編集委員会.1987.『キヤノン史：技術と製品の50年』キヤノン株式会社.

キヤノン株式会社企画本部社史編纂室. 2012a.『挑戦の70年、そして未来へ：キヤノン70年史 1937-2007』キヤノン株式会社.

キヤノン株式会社企画本部社史編纂室. 2012b.『挑戦の70年、そして未来へ：キヤノン70年史 1937-2007 資料編』キヤノン株式会社.

竹内弘高・榊原清則・加護野忠男・奥村昭博・野中郁次郎. 1986.『企業の自己革新：カオスと創造のマネジメント』中央公論社.

福本邦雄. 1962.『世界の目：キヤノンカメラ』フジ・インターナショナル・コンサルタント.

真鍋誠二. 2012.「第8章　多角化戦略のマネジメント」加護野忠雄・吉村典久『1からの経営学』中央経済社: 143-161.

より深く学びたい人のために

①Costas. J. and D. Kärreman. 2013. Conscience as Control : Managing Employees through CSR.*Organization*.20（3）:394-415.
　☞ 3種類の環境モチベーションについてのフィールド・リサーチです。この分類は環境への取り組みのやる気だけでなく、多くの社会生活の場面に当てはめて捉えることもできるでしょう。

②高木修監修・広瀬幸雄編. 2008.『環境行動の社会心理学：環境に向き合う人間の心と行動』北大路書房.
　☞ 人々が社会や環境に取り組む動機や行動の特徴について、社会心理学の立場から解説したテキストです。

第**9**章

企業内外の環境マネジメント・コントロール・システムの統合

―大和ハウス工業の事例―

本章のねらい

1　企業内外の環境マネジメント・コントロール・システムは、それぞれ何をねらいとしているのでしょうか？　7・8章の内容をまとめます。

2　これらのシステムを統合させる意義について考えましょう。

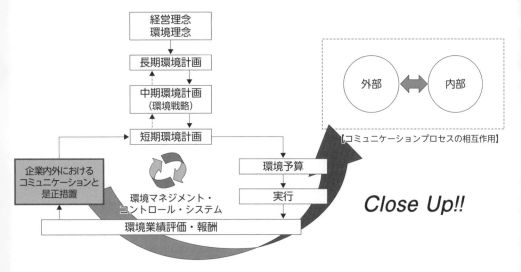

トレンドニュース
「空己唯盡孚誠」―利他のマインド

　日立をけん引していくのは「利他」のマインドを持ち合わせた人財でなければなりません。これは日立の歴史にも通じています。1910年に小平浪平が創業したベンチャー企業である日立は「優れた自主技術・製品の開発を通じて社会に貢献する」という企業理念を起点に、創業時から掲げる「創業の精神」では「和・誠・開拓者精神」を掲げ、ベンチャースピリットが大切な価値と考えてきました。日立の中央研究所の入り口には日立創業者の一人である馬場粂夫の思想「空己唯盡孚誠」（おのれをむなしくしてただふせいをつくす）という言葉が掲げられています。親鳥が卵を温める姿をかたどった字であるといわれる「孚」が意味するところと同様に、情愛を持ち、私心を捨て去り、自分の利害を超えて誠を尽くす、この心構えがお客様とお話をする上で非常に重要です。私自身も「空己唯盡孚誠」の言葉を大切に胸に刻んでいますが、これこそが社会イノベーション事業を推進する一人ひとりの従業員やそれをけん引する次世代リーダーが持つべきマインドだと強く思います。幸せは自利よりも利他の方が大きく膨らみます。社会課題を自分事と捉え、そのうえでパッションをもって周囲を巻き込み、ともに目標を達成しようとするマインドを持つ。このような人材の育成に力を入れていきます。

（出所：『日立統合報告書2021』8頁より）

1 はじめに

　コミュニケーションは古くて新しいテーマです。古代ギリシャでも議論（ディベート）の重要性については指摘されてしていましたし、昨今では職場においても重要性が指摘されています。なかでも本章で取り上げるのは、環境コミュニケーションです。例えば廃棄物処理施設が近隣に建設される予定であるとしましょう。建設業者は地域住民の同意を得るために、緻密で丁寧なコミュニケーションを重ねることが重要です。このように社会において立場や境遇の異なる人々・組織が共存することはたやすくありません。それぞれの事情があり、それぞれが独自の行動原理を持つからです。異質な人々・組織が、互いの立場や考えを理解・配慮し合える手段の1つがコミュニケーションです。つまりコミュニケーションを抜きにして、社会は成り立たないといえます。

　環境マネジメント・コントロール・システムの推進プロセスの最終段階は、**環境コミュニケーション**です。環境コミュニケーションは大きく、企業と企業外の主体間で行うものと、企業内のメンバー間で行うものの2つがあります。企業外のコミュニケーションは、企業外の主体から自社の社会環境問題に対する同意と支援を得ることを目的とします。これを本書では外部環境マネジメント・コントロールとよんでいます。一方企業内のコミュニケーションは、社会環境課題に実際に取り組む構成員のモチベーションを高めることを目的としています。これを本書では内部環境マネジメント・コントロールとよんでいます。本章ではこの両システムを統合させる可能性について、理論と実践の両面から検討することにしましょう。

　これまで見てきたように、企業に対する社会環境課題への取り組みのニーズはますます高まっています。この企業外のニーズ（声）を企業内のメンバーに伝え、またそれをメンバーの意識や行動に反映させることは重要です。一方で企業は社会から必ずしも一方的に受け身であるわけではありません。

自社の取り組みの方針や姿勢を積極的に発信していくことも大事でしょう。

　本章では、**企業内外の環境コミュニケーション・システム統合化**にむける
プロセスを明らかにしていきます。特に最先端の環境コミュニケーションの
実践に取り組んでいる大和ハウス工業（以下「大和ハウス」）を事例企業とし
ます。同社の環境コミュニケーションの現状と課題を明らかにすることを通
じて本章のねらいを達成することにしましょう。ここで同社を事例企業とし
て取り上げるのは、企業外部と内部のコミュニケーション（外部環境・内部環
境マネジメント・コントロール・システム）を体系的に展開しているからです。
そしてここでのコミュニケーション・ツールとして、統合報告書が果たす役
割は大きいといえます。

2 ベストプラクティス： 大和ハウスの企業内外との環境コミュニケーション

　大和ハウス工業は1955年4月に故石橋信夫氏が創業した企業です。創業
は1950年に関西地区を襲ったジェーン台風を背景としています。死傷者は
2万人を超え、被災家屋は16万戸以上、土木関係の被害額は約96億円に達
しました（長谷川・池上 2008）。石橋氏はその時に稲や竹といったパイプ形状
のものが台風の強風を受けても折れないことに気付き、1955年の創業と同
時に「パイプハウス」を発売しました。そもそもパイプ建築は欧州で開発さ
れたものでしたが、これを規格化し工場で大量生産してはどうかと氏は発想
したのです。同社は現在「儲かるからではなく、世の中の役に立つからやる」
の創業者精神のもと、7つの分野（①戸建住宅事業、②賃貸住宅事業、③マンシ
ョン事業、④住宅ストック事業、⑤商業施設事業、⑥事業施設事業、⑦その他事業）
にわたって事業活動を展開しています。

　このように同社はもともと地球環境や社会に配慮した経営活動（SDGs経営）
を展開してきました。ただ近年このSDGs経営がより注目されるようになり、
同活動をいかに体系的に発信していくかについて悩んでいました。さらに
ESG投資の拡大にともない、人権デューデリジェンスなど新たな国際課題

への取り組みや情報開示が求められ始めました。そこで同社では①社外に従来のサステナビリティ経営を発信することの意義と、②新たな国際課題への取り組みの意義を現場にいかに伝えるかを検討していました。

そこで同社は2016年から統合報告書を発行するとともに、サステナビリティ・レポートの内容の充実化を図り始めました。その作成段階では、経営現場と密にコミュニケーションをとることで、彼らの意識の向上と報告書の質の充実化をねらいとしました。同社のサステナビリティ・レポートは、いわゆるESG投資家を読者対象としています。そのため記載の情報量も膨大で、内容も専門的です。一方で統合報告書は機関投資家を主な読者対象としています。こちらのねらいは、通常の事業活動と社会環境活動を統合すること（統合思考）の意義を読者に伝えることです。

同社はサステナビリティ・レポートと統合報告書の作成にあたって、**現場との密なコミュニケーション**を反映しました。同社の同レポートには社長、副社長はもちろん、サステナビリティ経営に関わる担当役員の現実的な声が反映されています。報告書を作成する部門の社員が担当役員と直接、方針や考え方を聞いて文章をまとめています。わざわざ対面でヒアリングを行わなくても、それぞれの部門に書いてもらった原稿をまとめれば報告書は作成できます。**同社がこうした方法を重視するのは、現場への統合思考の浸透を図っているからです。統合思考の重要性を丁寧に現場に説明し、企業の風土に溶けこむようにSDGs経営を展開することが何より重要と考えています。**

こうして完成した同レポート・報告書は社外に公表します。近年の同社のSDGs経営においては、企業外への情報発信にも注力してきました。特に急速に拡大傾向にあるESG投資と海外投資家への対応を重視しています。2019年度ではのべ678社の機関投資家・アナリストと対話を行いました。海外ではCEO、CFO、IR担当役員が欧州、北米、香港、シンガポールを訪問し、50社の投資家とも対話を重ねました（『大和ハウスグループサステナビリティレポート2020』）。こうして同社のSDGs経営は企業外から高く評価されるようになってきました。

　こうして得られた企業外の評価や改善点は、社内のサステナビリティ委員会で報告し、現場にフィードバックしました。これによって、これまで気づかなかった重要なポイントに対する理解も深まりました。一方で現在同社環境部は、社員の環境意識をさらに高めることが今後の課題であると捉えています。そのため同社は現在、以下のような取り組みを展開中です。

　まずeco検定を社員に受験させ、合格者数を増加させる目標を立てています。eco検定とは東京商工会議所の実施する検定試験です。主に企業構成員の環境知識向上をねらいとしており、通常の経済活動と社会環境活動の関係を的確に捉えることのできる人材の育成と普及を図っています。同社がこれに取り組んだのは、サステナブル・サーベイ（社員のサステナブルに関する意識のアンケート調査。全項目60問）結果から、「環境への取り組みは重要と考えるが、どのように取り組めばよいかわからない」という回答を現場から多く得たためです。この取り組みを通じて環境に関する専門知識を習得させるだけでなく、何より構成員の苦手意識を持たせないことが重要と考えました。

　本格的な環境意識向上に向ける取り組みは環境教育です。環境部内の環境経営推進グループと環境マネジメントグループが連携して、社員の環境意識啓発や環境教育を現在展開しています。こうして環境行動計画の実現に向けて、社内における統合思考の普及と浸透を図っています。特にコロナ禍の現在ではeラーニングも実施しており、今後は階層別・職種別の研修の1つに環境教育プログラムを導入することも検討しています。

　同社は2014年から全国の事業所において環境業績評価を実施し、2015年には対象を環境負荷の大きい主要グループ会社に拡大して役員賞与査定に環境活動実績を反映してきました。これらのシステム活用の効果として、確かに環境パフォーマンスの向上は確認できています。ただ同社はシステムの活用を、あくまで車の片輪にすぎないと捉えています。「制度」と「文化（意識や個人のマインドも含む）」の両立ができて初めて、理想的で有効なSDGsのビジネス・システム（環境マネジメント・コントロール・システム）が構築できると同社は考えているからです。

3 ケースの分析：
内外のシステム統合化に向ける現状と課題

　私たちは日ごろからいろいろな人々とコミュニケーションをとって、社会生活を送っています。そもそもコミュニケーションとは何を目的に行うのでしょうか。またそれはどのような構成要素から成り立ち、実際どのようなプロセスで展開されるのでしょうか。ここではこうした原理をふまえて、最終的に環境コミュニケーションの推進プロセス・モデルを提示することにしましょう。

(1) 社会レベルのコミュニケーションの構成要素

　ここでは個人レベルではなく社会的なコミュニケーションを成り立たせる要素と条件を検討していきましょう。小松（1997）は、ルーマンのコミュニケーション概念について、これまで見過ごされていた「理解」という重要な構成要素に着目しました。ルーマンは社会システムを通じたコミュニケーション概念に対して検討を行っていましたが、こうした社会レベルのコミュニケーションの特徴としてまず重要なことは、相手の発したメッセージの背後に隠れた「真意」を見抜くことが重要ではないという点です。互いに相手が相手なりの「自由な」選択を行っているという点を確認しつつも、自他がやり取りするのが社会的なコミュニケーションです。個人レベルのコミュニケーションに比べ、社会レベルのコミュニケーションは社会システムを通じて行われます。そのため、相手からのメッセージを理解する際には、相手にとっての社会システムに対する捉え方を考慮に入れたうえで、受け取った内容を理解することになります。例えばみなさんもメールやLINEのメッセージを受け取った時の印象と、実際相手に会った時の印象が違っていたという経験もあるでしょう。これはもしかして相手が、そもそもメールという通信手段はただ内容を伝えるものとして捉えているからだけなのかもしれません。

　そしてルーマンは、一貫してコミュニケーションは単なる情報の移転であ

るという考えに反論し続けました。コミュニケーションは３つの構成要素からなるとルーマンは指摘します（Luhmann 1984）。まずは情報の発信者の発信すべき情報の選択です。情報は常に選択され、要約され、また発信者のバイアスがかかります。例えばみなさんも今日あった出来事を、すべてありのまま友達や親に伝えるわけではないでしょう。次に発信者と同様に受け手も受信した情報やメッセージを選択・解釈します。最後に最も重要なのは、情報やメッセージに対する受け手の「理解」であるといいます。理解も受け手の意思によって選択されます。こうした３つの要素（選択）が総合されて初めてコミュニケーションが成立するとルーマンは主張します。

(2) コミュニケーションの構造

コミュニケーション概念に関する以上の内容をふまえると以下の図表9-1のように構造化できます。

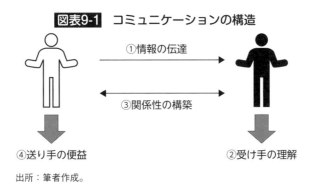

図表9-1 コミュニケーションの構造

①情報の伝達
③関係性の構築
④送り手の便益
②受け手の理解

出所：筆者作成。

まず情報の発信者（送り手）は何らかの情報や意味を受け手に向けて発信します。受け手はそれを理解することが、一連のプロセスにおいて何より重要なポイントです。ただし受け手は受け取った情報をありのまま理解するわけではありません。情報量を制限し、さらに意味も自分の解釈を加えて理解することになります。こうしたコミュニケーションは、積み重ねるごとにお

互いの性格や立場、特性をより理解することにつながり、社会的・個人的な関係が同時に深まっていきます。それは通常情報や意味の送り手にとって望ましいものであることが多いでしょう。送り手は自身の便益をもたらすことをねらいとして、コミュニケーションを通じた関係性の構築を試みる傾向があるからです。こうした構造は、環境コミュニケーションにおいてはどのように展開されるのでしょうか。

(3) 環境コミュニケーションの推進プロセス・モデルの提示

こうしたコミュニケーションの構造をふまえて、企業内外の環境マネジメント・コントロール・システムはどのように連携させる（つなげる）ことができるのでしょうか。それを示したのが図表9-2です。

まず企業は、社会から自社がどの様な役割を求められているかを常に情報収集する必要があります（①）。これはとり立てて社会環境問題への取り組みに限ったことではないでしょう。社会が自社に寄せる期待や要求の中でも、自社にとっても重要なテーマについては,真摯に取り組んでいくことが重要です。そもそも組織にとって最も重要なテーマや達成すべき価値は、経営理念として掲げられることが多いです（②）。そして経営理念は、現場の構成員に浸透させることが重要です。単にお題目として掲げられているレベルでは、実質的な意義は低いからです。ただここで注意すべきことは、いったん題目として掲げた経営理念は過度に抽象的で、現場の構成員に十分に理解さ

図表9-2 統合型環境コミュニケーションの推進プロセス・モデル

出所：筆者作成。

れていない場合が多いということです。構成員に社会環境活動と日々の経済活動との関わりを考えさせ、本当にその価値が理解できるレベルへ、理解を深めさせることが重要です。もし構成員が本当にその価値を理解できれば（③）、彼らは自然とその概念を具体的に活動として展開させていくでしょう。ここで「腹落ち」とは、深く対象の重要性を理解して、心から納得している状態を指します。もう少し専門的に表現するとa.対象の構造や重要性を深く理解し、b. a.の理解にもとづいて計画的もしくは直観的に行動するという2つの構成要素で捉えることができます。

　最終的にはその内容は自然と行動面に表れ、客観的にも捉えられるようになります。そうした個人レベルの活動が組織レベルへと体系化したとき、経営理念はより発展した意義を持ち始めます（②）。新たな組織活動はさらに社会で、その実効性を現実に検証しながら、再び社会からの反応と評価をふまえて、それを社内にまたフィードバックすることになります（①）。こうした一連のプロセスを繰り返すことによって、企業は社会と「調和」していくことになります。ここからはこの推進プロセス・モデルで同社の事例分析によって、最先端の企業実践の今後の課題を検討していきましょう。

(4) ケースの分析

①推進プロセス・モデルの検証による大和ハウスの現状と意義の分析

　第1段階（「双方向」）は企業が社会と対話を重ねる段階です。この段階において企業は、自社に求められている社会からの期待とニーズを捉えようとします。同社はサステナビリティ・レポートと統合報告書をコミュニケーション・ツールとして、自社に寄せられる要望と社会からの評価を確認し、改善箇所を探索しています。

　第2段階（「信条」）は第1段階の社会からの意見をふまえて、企業全体のSDGs経営の方針を決め、取り組みの理念を普及・浸透させる段階です。ここで大和ハウスは、自社の環境経営理念や環境行動計画の制定と、社内における普及・浸透を図っています。具体的にはサステナビリティ・レポートと

統合報告書の作成段階において、社内で密なコミュニケーションを展開しています。そして自社の重視する統合思考の重要性を、草の根的に構成員一人ひとりに伝えようとしています。

　第3段階は個人レベルの「腹落ち」段階で、ここで構成員はコミュニケーションの意味を深く理解し、実際に行動に展開できるようになります。大和ハウスは現在こうした状態の実現のために、主に環境教育の展開を積極的に推進しています。このように大和ハウスの実践においては、第3段階の「腹落ち」が今後の課題であり、現在取り組みの真っただ中にあるといえます。ただ徐々に形成されつつある②の信条の実質化とその具体的なコミュニケーション・ツール（サステナビリティレポートと統合報告書）によって、企業外部の主体とコミュニケーションをさらに重ねています。そして改善箇所については自社に持ち帰り、サステナビリティ委員会での報告を経て、自社の今後の活動へ反映させ、改善しようとしています。つまり現状同社では、徐々にこのモデル（図表9-2）が形成され、有効化に向かいつつある段階といえるでしょう。つまり、最終段階が十分ではない状態で、フィードバックループが展開している状況といえそうです。

　ここで事例企業の実践の意義について検討しましょう。本書では第7章と第8章で、企業の外部と内部で展開する環境マネジメント・コントロールについてそれぞれ別個で解説してきました。ただ通常版のマネジメント・コントロールと同様に、企業内外の組織や個人の価値観・活動の論理は本来斉合性がとれていることが望ましいでしょう。そのためより実効性のあるSDGs経営の展開のためには、企業内外の環境マネジメント・コントロール・システムを統合させる（結び付ける）ことが大事です。

　確かにこれらは全く一致させることは不可能ですしその必要もありませんが、サブ・システムはより上位のシステム（もしくはトータル・システム）の部分として、全体に貢献することが求められます（**部分最適と全体最適の統合**）。この下線部の内容がマネジメント・コントロールの究極的な目標である「**目標斉合性**（Goal Congruence）」です（日本管理会計学会編 2000）。とりわけ環境

マネジメント・コントロールにおける目標斉合性（「環境目標斉合性」）は最終的な目標の連鎖が企業外部の経済システムや社会システム、そしてそれらすべてを包括する地球環境システムにまで拡張する点が特徴です。これは企業で働く構成員の価値観や活動の論理は、地球の持続可能性に常時完全には調和がとれていなくても、何らかの関連づけが重要であることを意味しています。具体的にいうと、その組織でしか通用しない考え方がずっとはびこっていると、その組織は社会から取り残される危険があるということです。

　例えば大学の勉強は社会に出れば役に立たないという社会人の方も依然として多いと思います。しかし本来大学の教育はそうであってはなりません。その組織を含むより上位のシステムの目的・目標に沿うように、下位システムは貢献すべきです。つまり企業内外の環境マネジメント・コントロール・システムの統合させるということは、地球環境と社会、社会と組織・その構成員の行動や思考を調和させる（環境目標斉合性を高める）意味を持つのです。

　本事例はこうした環境マネジメント・コントロールの究極的な目標（**環境目標斉合性**：Environmental Goal Congruence）の達成を目指す極めて先進的かつ、重要な実践です。ただ現在コロナ禍であるためか、事例企業は現場との密なコミュニケーションをいったん休止しています。同社は今後継続的に企業構成員一人ひとりの価値観にサステナビリティ概念をより深く「腹落ち」させていくことが求められます。そして同社の信念（環境理念）を実質化させることが今後の最も重要な課題です。次項ではその具体的な課題への取り組み方（推進プロセス）について検討することにしましょう。

②大和ハウスの環境コミュニケーションの課題と提言

　本章では統合報告書を基軸に、事例企業が企業内外の環境コミュニケーション・システム（外部と内部の環境マネジメント・コントロール・システム）を統合させようとしていることを確認しました。ただ、同社の同報告書とインタビュー調査をふまえると、具体的に企業全体としてどのような価値を創出しようとしているのかについては明らかにできませんでした。確かに「よい企

業」を目指そうとしていることは推察できます。そして具体的にどのような活動を展開しようとしていくのかも確認できます。

　ただ、競争力の向上に結び付けるように展開していく場合、一体どのような価値をねらいとしていくのかについて、同社は今後具体的なビジョンを描く必要があるでしょう。実際同社のSDGs経営は社外からかなり高い評価を受けています。ひるがえって社内に目を向ければ、今後の環境意識の向上が課題として残っていました。構成員は「確かにSDGsは重要とは考えるが、具体的にどのように活動を展開していけばよいか分からない」という意見が多いようです。ただそれは方法がわからないのではなく、社会環境経営を実現するメリットが十分に構成員には伝わっていないでしょう。

　企業全体の将来創出する価値が、まず構成員から魅力的であると感じてもらうことが、とても重要な課題です。なぜなら通常構成員は魅力的な価値の創出には自発的に取り組む傾向があるからです。しかもそれが最終的に自社の競争力の向上につながるのであればなおさらでしょう。同社はそうしたビジョンとそれを実現する具体的な目標を提示する必要があります。そして本当に構成員が社会環境と経済をつなぐ方法がわからないのであれば、少なくとも初期段階では企業側が具体的な方法を明示することが求められるでしょう。つまり同社の今後最も大きな課題は、社内で「よい企業」の理想像をできるだけ具体的に議論し、それを通じて社会から求められ、何より構成員にとって魅力的で（彼らの行動で裏づけられた）実質的なビジョンを描くことです。

　ここで重要な役割を果たすのは、内部環境と外部環境をつなぐツールとしてのサステナビリティ・レポートと統合報告書です。今後はこの報告書の内容を充実させることを通じて、社内で社会環境と経済を統合させることの価値を、構成員1人ひとりに「腹落ち」させることが重要な課題です。この推進プロセスは以下の図表9-3のように表すことができるでしょう。

　まずは情報が他者（外界）から自己に伝達されます（①）。ここではあくまで情報を入手した段階であり、まだ解釈にまでは至っていません。少なくとも概念的な理解は、②の提示された事例の理解の段階から開始することにな

ります。具体の事例と結び付けて捉えることにより、①で入手した情報は実感として理解され始めます。例えば自転車をこれまで見たことのない子供が、いきなり自転車に乗るのは困難です。人から「自転車はこういう乗り物だ。」と説明を受けても、実際それを見てみないことには何もわかりません。さらに人の乗り方を見ればさらにイメージしやすくなるでしょう。②の段階では、他者から事例を交えて伝えられるとより説得力があるといえますが、③の段階では自分のこれまでの成功経験と結び付けてより深く理解できるようになります。三輪車には乗ったことがある子どもならば、それを応用して自転車乗りに活かすことはできないかを考える段階です。

　自らにとって重要な考えであれば、自らその考えの重要性を今度は他者（外界）向けに発信していく傾向も高まるでしょう（④-A）。同時にそれを自ら実践することを通じて、実践が自らに内在化され始めます（④-B）。第4段階は実際に試行錯誤経験すること、そしてその結果を他者と共有することを通じて、思考を成熟化させていく段階です。子供が今日上達した自転車の乗

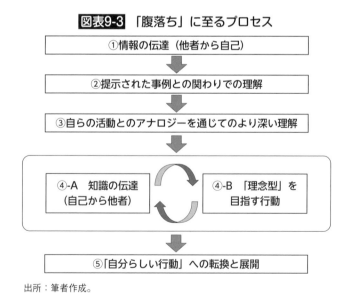

図表9-3 「腹落ち」に至るプロセス

①情報の伝達（他者から自己）

②提示された事例との関わりでの理解

③自らの活動とのアナロジーを通じてのより深い理解

④-A　知識の伝達（自己から他者）　　④-B　「理念型」を目指す行動

⑤「自分らしい行動」への転換と展開

出所：筆者作成。

り方を、親と共有しいろいろとアドバイスを受けるといった段階です。最終的に吸収した情報や概念が、実質的に自身の一部や体験となるのが最終段階（内在化）です（⑤）。子供が実際自転車に乗れるようになり、さらに自分らしい乗り方を工夫できるようになる段階です。

　同社は持続可能な社会・組織の実現に向けて、先導的な役割を果たそうと動き始めています。今後、こうした推進プロセスを経て、社会環境と経済の統合価値の重要性を構成員や社会に発信し続けることが求められるでしょう。

4 まとめ

　本章では大和ハウスを事例に、企業内外における環境マネジメント・コントロール・システムの統合可能性について検討しました。ここでは先行研究の再検討をふまえて統合化に向ける推進プロセス・モデルを提示し、事例企業の実態を分析しました。先行研究からはコミュニケーションの構成要素として受け手の「理解」が重要であること、そして企業の環境コミュニケーションの展開においては、そうした理解をふまえて組織レベルから個人レベルの活動に具体的に落とし込んでいく（「腹落ち」）ことの重要性を捉えることができました。

　大和ハウスはサステナビリティ・レポートと統合報告書の作成プロセスにおいて、現場との丁寧なヒアリング調査を通じた環境コミュニケーションを重視しています。これによって①社外へより現実的な報告書の作成・開示と、②社内における通常の経済活動と社会環境活動を統合することの価値（統合思考）の伝達をねらいとしていました。そして作成した同レポート・報告書をもとに、企業外部のステークホルダーとの対話を通じて、構成員にレポート・報告書の評価と改善点を伝えようとしていました。

　ただ現状、仕組みとしては構築していても、実際に構成員が十分に統合思考で活動しているわけではありません。この点を克服し、同社独自の価値観と方針、具体的な計画を立てることが同社の今後の重要課題ではあります。ただ同社の一連の取り組みは、環境マネジメント・コントロールの究極の目

標である「環境目標斉合性」の実現に向ける活動として極めて重要でしょう。つまりそれは企業内外の環境マネジメント・コントロール・システムを統合させることは、地球環境と社会、社会と企業・構成員をつなぎ、思考や行動原理の調和を促すということだからです。今後は他の企業事例にも本章の推進モデルを援用・検証し、どれだけ一般化できるかを検証していくことが求められるでしょう。

プラス1

ユニ・チャームの中長期ESG目標「Kyo-sei Life Vision 2030」

　今当社は「共生社会」の実現に寄与するために、環境問題や社会問題の解決に取り組んでいます。その際に大切なのは利他の心だと、私は考えています。新型コロナウイルスのパンデミックにおいて、国は国益を重視しますが、企業はさまざまな境界を越え、国益に縛られることなく利他の心をもって活動しています。

　中長期ESG目標である「Kyo-sei Life Vision 2030」を当社は2020年10月に公表しました。その中で社内外の評価を取り入れたのは先進的な取り組みです。そこでは多くの文献から関わりのある社会課題など510項目を抽出し、それを44項目に整理しました。自社の視点から評価するために、取締役、執行役員らグループ全体の約900人に調査を行いました。さらに企業外の視点で評価してもらうために56団体に調査を依頼して、32団体から回答を得ました。その後執行役員によるSDGs勉強会やワークショップを開催し、50年に想定される社会像や目指すべき方向性について意見を集約して、ビジョンをまとめました。ちなみに当社は私を含め27人の執行役員がいます。執行役員は個々に「Kyo-sei Life Vision 2030」にひもづいた取り組みテーマを選定し、その成果は評価要素となります。

　社内でESGが浸透していく中で、新しい商品開発の典型例が「顔が見えマスク」です。初回販売は7時間で3,000枚を完売しました。このマスクの開発は聴覚障害のある女性社員からのメールがきっかけでした。彼女が読唇術で会話ができるようにと母親が透明フィルムを縫い付けた口元が見えるマスクを作ってくれたので、会社の人たちに配って着けてもらいたいというのです。その社員とのコ

ミュニケーションがきっかけとなり、トップダウンで商品化を決めました。

　私が意識しているのは、人は心に働きかけなければ動かないということです。これを「情動性」といいます。そうしたコミュニケーションを大切にしたいと思っています。

■ 「Kyo-sei Life Vision 2030」の重要取り組みテーマ

私たちの健康を守る・支える
全ての人が「自分らしさ」を実感し、日々の暮らしを楽しむことができる社会の実現に貢献する商品・サービスの展開を目指す
健康寿命延伸／QOL向上
性別や性的指向等により活躍が制限されない社会への貢献
パートナー・アニマル（ペット）との共生
育児生活の向上
衛生環境の向上

社会の健康を守る・支える
提供する商品・サービスを通じて、お客様の安全・安心・満足の向上と、社会課題の解決や持続可能性への貢献の両立を目指す
「NOLA & DOLA」を実現するイノベーション
持続可能なライフスタイルの実践
持続可能性に考慮したバリューチェーンの構築
顧客満足度の向上
安心な商品の供給

地球の健康を守る・支える
衛生的で便利な商品・サービスの提供と、地球をより良くする活動への貢献の両立を目指す
環境配慮型商品の開発
気候変動対応
リサイクルモデルの拡大
商品のリサイクル推進
プラスチック使用量の削減
衛生環境の向上

ユニ・チャーム プリンシプル
全てのステークホルダーから信頼を得られるような公正で透明性の高い企業運営を目指す
持続可能性を念頭においた経営
適切コーポレート・ガバナンスの実践
ダイバーシティマネジメントの推進
優れた人材の育成・能力開発
職場の健康と労働安全システムの構築
安心な商品の供給

（出所：『日経ESG』2021年9月号：64-65頁.代表取締役 社長執行役員：高原豪久氏へのインタビュー記事を要約）

Exercise

1　上辺は丁寧につくろいながら、実際の行動は食い違っている人もいます。人や組織は外部からの評判を高めることも大事ですが、過剰に意識するとよくないことがわかります。こうした点についてみなさんが日頃注意していることや、意見などがあれば述べてください。

2　気持ちや信念が相手に伝わる瞬間もあります。周囲や相手に自分が誤解されず、正しく理解してほしいと望む場合、私たちは日頃からどのような点を心がければよいでしょうか。自由に考えを述べなさい。

引用文献

von. Luhmann, N. 1984. *Soziale Systeme: Grundriß einer allgemeinen Theorie. Frankfurt.* Suhrkamp Verlag.（佐藤勉監訳. 1993.『社会システム理論（上）N.ルーマン』恒星社厚生閣.）

小松丈晃. 1997.「コミュニケーションにおける［理解］の問題」佐藤勉編『コミュニケーションと社会システム：パーソンズ・ハーバーマス・ルーマン』恒星社厚生閣.

日本管理会計学会編. 2000.『管理会計学大辞典』中央経済社.

長谷川誠二・池上博史. 2008.『大和ハウス工業』出版文化社.

より深く学びたい人のために

①佐藤勉編. 1997.『コミュニケーションと社会システム：パーソンズ・ハーバーマス・ルーマン』恒星社厚生閣.

　☞主に社会システムを介したコミュニケーションについて、代表的論者の学説を再検討しています。

②P.F. ドラッカー、上田惇生訳. 2006.『ドラッカー名著集2　現代の経営［上］』ダイヤモンド社.

　☞目標斉合性の概念についても、エピソード等を交えながらわかりやすく解説しています。

STEP **3**

今後のSDGs経営を
見わたす

STEP **1** ＞ STEP **2** ＞ STEP **3**

　最終ステップでは、（1）これまでの本書の内容を要約し（第10章）、
（2）今後のSDGs経営の展望を描きます（第11章）。第10章では
キリンホールディングスの先進事例から、これまでの本書各実践の
ポイントをまとめ、環境マネジメント・コントロールの最終のねら
いである、環境目標斉合性の本質にせまります。第11章ではSDGs
経営を実現する手段としての環境マネジメント・コントロール・シ
ステム、そのねらい（目的）である環境目標斉合性、そしてこれら
の相互作用や全体としてのSDGs経営の展望についてまとめます。

〈構成〉

- 第10章　環境マネジメント・コントロール・システムの統合化
　　　　　　―キリンホールディングスの事例―
- 第11章　SDGs経営の意義と今後の展望

第10章

環境マネジメント・コント
ロール・システムの統合化

―キリンホールディングスの事例―

本章のねらい

1　これまでの本書の内容を要約します。

2　環境目標斉合性の本質と3つの特徴について解説します。

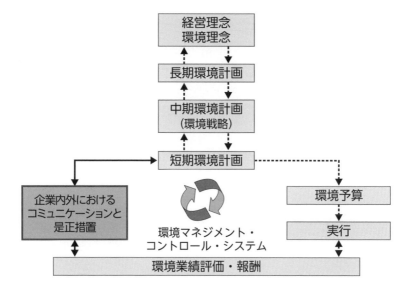

トレンドニュース

とあるコンビニ前で

「今どき、これあり？ おかしくないかこの店」。東京郊外の駅前にあるコンビニエンスストアに張られたポスターを見た高校生らしき男性3人が嫌悪感を示していた。ポスターは「た・ば・こ・の・扱・い・数・増・や・し・ま・し・た・！」と、約20センチメートル四方の紙に一文字ずつ書かれ目立っていた。

この店独自のポスターのようだが、高校生があきれたのも無理はない。たばこは健康にとって大敵であり、国連の持続可能な開発目標（SDGs）とは逆行する。環境問題や社会問題に強い関心を持つSDGsネーティブとよばれる若者には違和感の塊のように見えたのだろう。このコンビニ本部はSDGsの取り組みを積極化している。確かにたばこは売り上げの柱の1つであるが、このギャップは何なのか。

コンビニは変化対応業だが、その感応度が鈍ってきているのではないだろうか。化粧品・サプリメントメーカーのトップが差別的な声明を出した時もだんまりを決め込んだコンビニがある。そのメーカーの商品は「扱いが少ないから」と。むしろこの問題を「騒がないでほしい」といった雰囲気をにじみ出していた。この業界は成人雑誌の取り扱いも後手に回った感がある。

機を見るに敏がとりえの小売業。ダイエー創業者、中内㓛が存命ならどんな策を打ち出して、世間から拍手を浴びただろうか。

（出所：『日経産業新聞』2021年6月11日）

〔筆者の解説〕

企業外の人は、1つの企業をあたかも1人の人間のように見なす傾向があります。例えば「あの会社は（業績が）よい」や「この会社はダメだ」など、これまで企業を評価するものさしは財務業績がメインだったといえます。特に公害問題以降は、「（社会問題改善に取り組む）あの企業は善い」とか「（環境汚染をするなんて）悪い企業だ」といった善悪の判断もよくなされるようになってきました。

実際には1つの企業の中にも、さまざまな人々がいるでしょう。ただ企業外の人から見て1企業全体に社会環境への取り組みの意識が一貫していなければ、

違和感を持たれてしまうのは当然です。特に顧客が接するのはどちらかというとその組織においてはインターフェイス（境界：下位層）の人々であることが多いように思います。つまり1つの企業内で社会環境に対する意識が十分に浸透して、さらに行動にまで反映されていれば、こうした事件は起きなかったでしょう。ではこうした理想的な状況はどうすればもたらされるのでしょうか？　企業トップや旗振り役の環境部などが素晴らしいシステムを組んで、充実したプログラムを従業員に発信し続けば達成できるでしょうか？

　本来「善行」は答えのないものです。一定レベルまで達成できたからあとは自由に何をしてもよいというわけではありません。顧客や社会のニーズを適切に読み取り、それらに応じて自らができることをしていくプロセスです。最終的に善行は、他者や社会から広く「愛される」ことを目標としているでしょう。それは本来善行は自分よがりであってはダメで、広く受け入れられ他者の喜びをもたらすことが大事だからです。

　要するにこの事例は、**「人や社会に愛される（広く受け入れられる）存在になるために（外部の目的）、人や社会に一体何ができるか？（内部の目的）」を企業全体で考え、実践していくことの重要性**を物語っています。

　7章で述べた通り外部環境マネジメント・コントロールは企業外の主体から「愛される」ことを目的としています。また内部環境マネジメント・コントロールは「善行の内省」をねらいとしています（8章）。つまり企業内外の環境マネジメント・コントロール・システムは別個に展開すべきものではなく、統合させることが重要です。

　一方でこの事例から、内部環境マネジメント・コントロール・システムと、通常の環境マネジメント・コントロール・システムも統合させることが重要であることもわかります。この事例におけるコンビニのプロモーション（販売促進）では、少なくともこのSDGsネーティブの購買意欲を高めてはいません。モノを買ってくれる顧客層の心理や感覚を捉えられなければ、簡単に物は売れない時代だということもわかるでしょう。

　「善い」企業だけでは、生き残ることはできません。また自分中心の善行も決して効果的ではありません。顧客や社会とのやり取りの中で自らに求められている「善行」を模索しつつ、それを企業の根本をなす「経済原理」にのせることが現代企業には求められているといえるでしょう。

1 はじめに

　本章ではこれまでの章で見てきた個々の論点を振り返って、環境マネジメント・コントロールの本質（「環境目標斉合性」）を深く検討しましょう。ここまでの本書のまとめを1つのベスト・プラクティスを検討することで、重要なポイントをおさらいします。事例企業はキリンホールディングス（以下「キリンH」）です。

2 ベストプラクティス：キリンホールディングスのSDGs経営

　キリンHは外部環境への適応を通じてグループ経営のビジョンを実現するために、2004年からバランスト・スコアカード（BSC）を導入・活用してきました（藤野・挽 2004; 横田・妹尾 2010）。BSCとは経営戦略を実現するためのマネジメント・ツールで、特に実現に向けるプロセスを事前に具体的に描く点が特徴です。BSCは4つの視点からなり、最後の4つ目の視点が財務の視点で成果指標といえます。ただ同社はこの手法の構造に限界を捉えていました。それは成果を導く3つの視点（学習と成長、内部ビジネス・プロセス、顧客の視点）がいくら効果的でも、最終の財務の視点の成果をもたらさない時期が続いたからでした。実際同社は15年以上も目標利益を達成することができませんでした。それは最終の財務に関わる成果指標が、企業の外部市場での競争状況に大きく影響を受けたからでした。例えばビールの売上は夏場が好調時ですが、冷夏になると極端に落ち込んでしまいます。また競合他社アサヒビールの主力製品「スーパードライ」に代わって市場を揺るがす製品開発は、実際なかなか難しかったのです。こうして同社は内部志向の目標斉合よりも、徐々に外部要因を重視していくようになりました。

　一方同社は多様な価値創造活動が社会的に認められ、2010年に「ポーター賞」を受賞することになりました。その後当時キリンビール株式会社社長で

あった磯崎功典氏（現キリンH社長）はマイケル・ポーター氏と面会し、CSV
という発想は今後同社の戦略の核となると捉えました。磯崎氏は次々と組織
改革を行っていきますが、最初に手掛けたのは取り組みの体制の整備でした。

　当初のCSV活動は東日本大震災復興支援を中心に展開していきました。
同時に従来から企業活動として通常展開していたものを、CSVの観点から
整理し始めました。長期経営計画でCSVを展開し始めたのは2016年度から
であり（「新KV2021」と同社ではよばれています）、この年からは3年間の中期
経営計画とも連動させるようにしていきました。そしてCSVの活動領域を
①健康、②地域社会・コミュニティ、③環境と定めました。

　同社はCSVをCSRと同様にサステナビリティ実現のための手段として位
置づけています。同社の現在の最終目標はサステナビリティの実現であり、
CSVはCSRを含む広い概念です。元来同社ではCSRを組織のガバナンスを
中心とした守りの要素が強く（企業活動がもたらす社会環境への負のインパクト
をいかに減らすかが中心的な課題）、CSVはCSRの要素も含めて、より幅広い
社会環境活動の展開を通じて自社の長期的な競争力の向上をねらいとする点
に違いがあると位置づけています（社会・環境・経済に対する正のインパクトを
いかにもたらすかが中心的な課題）。

　同社は2019年に以前から社内で制定されていた経営理念を見直し、2027
年に世界のCSV先進企業となることを宣言しました。ここで根本をなす指
針をCSVパーパスとして定めました。特にその策定においては社外の意見
も積極的に取り入れました。ただCSVパーパスはあくまで指針であり抽象
的であるため、多様に解釈もできます。そのため同社はその価値が具体的に
何を意味するかを、中長期の経営計画、さらには短期の業績評価指標の策定
によって、従業員等によりわかりやすく伝えるように努めました。これは**時
間軸**における**目標斉合性**を高めるねらいがあります。同時にこのCSVパー
パスや中期経営計画は企業外部の声（external voice）を反映させたものでもあ
るため、目標を達成することができれば、最終的には企業外部の声を実現す
ることにもつながります。つまりここでの目標斉合は、従来のように組織内

だけにとどまるものでもなければ、財務的な目標のみを重視したものでもないことがわかります（**時間軸・外部環境システム軸における目標斉合**）。

　さらに一定時点における組織内の目標斉合に向ける活動について検討しましょう。キリンH.株式会社傘下のキリンビバレッジ株式会社は全社的な方針であるCSVを社内に普及させるため、堀口英樹社長（当時）自ら従業員と直接対話を重ねてきました。特に2021年度において社長は総計1,000人との対話を目指し、これを実行しました。とりわけコロナ禍では情報インフラの整備も進み、日本全国場所にとらわれずに、従業員がリモートで自由に対話ができるようになりました。構成員5〜6名が一組で議論する形式で、8名の経営陣（トップ）が対応しました。対話では同社のSDGs経営について議論し相互理解を深めていきました。司会者は特に設けずまず経営陣（トップ）側から、同社が健康や環境に重点を置いた経営の意義（CSVの重要性）について語り始めます。前もって従業員にCSVに関するお題を考えてきてもらう場合もあります。そうすると「CSVは自分の仕事に落とし込んでみるとどういうことになるのだろう？」と悩む人も出てきました。トップはそうした従業員の悩みをマンツーマンで聞いてサポートする場合もありました。一方「こういうことでCSVを実感した！」という従業員も出てきました。さまざまな部門から多様な意見が飛び交う中、互いに学習しつつ従業員のCSVに対する理解を深めていっていました。

　こうした双方向型の対話は1回1時間程度でしたが、この実践のねらいは従業員にCSVを自分ごとと捉えてもらう点にあります。従業員にCSVに対する理解を深めさせ、通常の経営活動としてそれを具体的に展開させようとしているのです。日本社会では「働き方改革」として、仕事の仕方をより工夫して働きやすい環境や仕組みを整える動向が進行しています。一方同社は「働きがい改革」を推進しています。特にコロナ禍以降在宅勤務等によってコミュニケーションのあり方も変わりつつあります。同社グループでは環境が変化しても一人ひとりの従業員が前向きに仕事に取り組めるよう配慮しています。従業員の働きがいを高めるということは、自分の仕事に今一度向き

合い、「何のために仕事をしているのか？」、「そのための具体的な目標は一体何なのか？」を従業員一人ひとりがまず個人レベルで深く理解することから始まると同社は捉えています。自分の仕事がどのように企業全体の目標につながっているかを理解したり、リーダーとメンバーのコミュニケーションをとったりする中で、従業員にはさまざまな気付きがもたらされ従来にはなかった発想が出てきます。これは企業の外部環境とメンバー個人の価値観を調和させる取り組みといえます（**外部・内部環境システム軸の統合による伝統的な目標斉合**）。

　堀口社長（当時）は「企業の長期的な維持と発展の源泉は、メンバーの創造性の発揮にある。」と信じています。メンバーが個人レベルで情熱を持ち、主体的・創造的に活動することが企業経営を行う上で何より重要と考えています。SDGs経営はグループ企業全体の基本的な方針ではありますが、その方針のもとで同社はいかに自社を維持・発展させていけるかを現在も模索しています。

3 ケースの分析： 環境目標斉合性の向上にむける企業活動

　以上のキリンH.のケースには、3つの特徴があります。まず企業内だけに目を向けていては競争的な市場環境では効果的ではないということです。そのためキリンH.は従来の経済環境だけでなく、社会や地球環境にまで視野を拡げました（**外部環境システム軸での拡大**）。そして自社グループのパーパス（存在意義や目的）を経営管理理念にもとづいて再解釈し、グループ全体でできるだけ具体的にその意味を共有しようとしています（**時間軸での拡大**）。その実践的なシステムとして、社会環境業績評価システムを導入・活用しています。企業システムとして業績評価を導入するだけでなく、業績評価指標が構成員に実質的に何を伝えようとしているかを、コミュニケーションによって補完しています（**組織構造軸での強化**）。

　キリンH.の事例は、本書で解説した多くの事例に共通する重要なポイン

トがつまっています。1つめの軸の外部環境システムへの拡大は、あらゆる章に関わったテーマです。本書で取り上げた実践はいずれも社会や地球環境に配慮したものばかりでした。たまに学会発表等をしていると、それはどれ程の意味を持つのかと問われることがあります。実際、最も外側の環境をどこに設定するのかによって、人と人との関わり（やシステム）の持つ意味は大きく異なってきます。家ではケンカばかりしている兄弟が地域の運動会では一致団結することもあるでしょう。このように外部環境の範囲を広げることは、かなり大きな意味の違いをもたらすことがわかっていただけると思います。2つめの時間軸での拡大は、特に2章のソニーの事例に深く関わったテーマです。ソニーも同社の創立当初に掲げた経営理念を再解釈して、その中の一部としてサステナビリティを位置づけ、その実現に向けて活動を展開していました。3つめの組織構造軸の強化は、7章と8章のネスレ日本と、シャープに関わっています。ネスレ日本も構成員の創造性や社会環境に対する意識を高めるために（自分の仕事が何のお役立ちになるべきかを根本的に考えさせるために）、イノベーションアワードを展開していました。シャープは構成員の日常の活動に社会環境に対する意識を根付かせるために、小集団活動を展開していました。

　本事例は、企業やマネジャの新しい役割についても示唆を与えてくれます。規模の大きい企業や多国籍企業は地球環境や社会に大きな影響を与えています。そのためこうした企業の多くは、社会環境課題に対しても前向きに取り組み始めています。このようにして先進企業は、自社と社会環境を調和させようとしています。ただその調和も簡単に達成できるとは限りません。むしろ重大な社会環境課題ほど、多額の資金や優秀なスタッフを配属しても、さほど成果が出ないものです。そのため企業は通常の事業活動にもよい影響を与えるよう、自社の事業に関連した限定的な社会環境課題に対して長期的・集中的に取り組む傾向があります。従来型の企業の社会環境に対する取り組みは、企業と社会環境の関係性の悪化を起点として、その改善を主なねらいとしていたため、社会環境活動の内容や方法については特に今ほど意識が払われてきませんでした。

　一方企業現場に目を移すと、市場環境の変化が激しい企業ほど、部下の現状を詳細に理解できるマネジャは少なくなっています。自分が第一線で働いていた時の状況と現状は大きく違うからです。そうした中で、マネジャは現状を数値目標で適切に管理することが困難になってきています。そこでマネジャはそれに代えて、質的で人間的な側面から部下を支援・育成するようにシフトしつつあります。ここで人間的な側面とは、経験にもとづいた直観ともいえます。現場の細かい状況はわからなくても、部下の抱える問題の本質は理解できることも多いからです。優秀なマネジャは企業の今後進むべき方向性を、自分の上司やトップとのコミュニケーションを通じて、理解しようとします。そしてこうしたマネジャは、自社の進むべき方向にそって部下に影響を与えようとするでしょう。ここでマネジャが部下に対して行っているのは、方向づけと動機づけです。それは部下の努力の方向がズレてきた時にコメントし、彼らがやる気をもって働きやすい職場づくりをするということです。方向としては、(1)中長期と短期の目標の調整、(2)社会環境と企業、構成員の行動・思考の調整、(3)一定時点における企業内メンバー間の行動・思考の調整の３つが重要です。従来のマネジャは特に(3)の役割を強く求められていましたが、本事例からは(1)や(2)の役割も同様に重視されるようになってきていることがわかっていただけたと思います。

4　本章の結論：環境目標斉合性の３つの特徴

　キリンH.の事例と本書の内容を要約したのが図表10-1です。従来の目標斉合性（Goal Congruence）は、一定時点の一組織内における目標の因果性を意味してきました（黒の立方体）。ところがSDGs経営においてはこの意味の範囲が拡がることがわかりました。拡げる方向は３つあります。１つは時間軸での拡大です。企業は一定時点（期首）に立てた目標を組織内の下位層にブレーク・ダウンし、目標の因果関係を組織内に構築します。例えば３人の部下を持つ課長は各自の目標をそれぞれ達成できれば、課全体の目標が達成

図表10-1 目標斉合性概念の拡張と強化

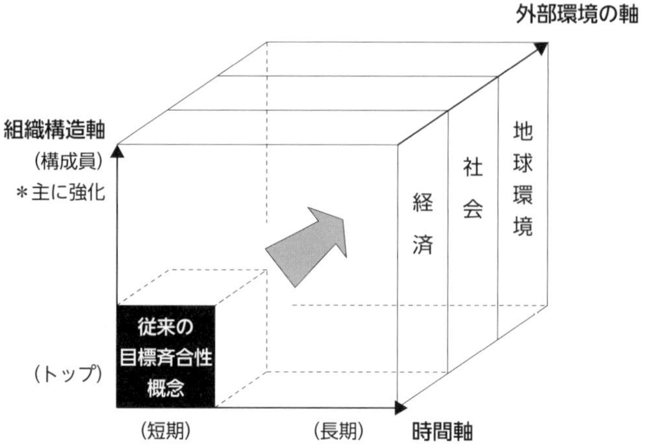

出所：筆者作成。

できるようにするということです。ただし今日の環境ではたとえ構成員全員が各自の目標を実現できたとしても、最終的に組織全体にとっての理想的な状況が実現できるとは限りません。それは変化のスピードが速く、その方向性すら捉えることが難しい環境になってしまったからです。

　こうした中で重要な点は、これまで以上に自社が実現すべきパーパスや経営理念（理想）を、組織全体で具体的に理解し共有することです。経営理念は通常の企業だと、創立の当初に策定されることが多いです。しかしその意味は多様に理解できることも多く、実際何をどれほど行えばよいかなかなか捉えにくい場合が多いです。さらに策定から年月を経ていることも多く、当時の環境を前提に独特の言い回しで表現されているので、現代の人たちが理解しにくいことも確かです。

　ここで2つめの一時点の組織内におけるトップから構成員全員にわたるコミュニケーションの意味がより重要になってきます。「私たちの組織は一体何を目指しているのか？」そして、「その理想の実現のために今期は何をどれほど達成すべきなのか？」をメンバーに心から納得してもらうことが重要

172

です。そのためにはこれまで以上に、構成員との深いレベルでの対話が必要です（組織構造軸における強化）。さらに経営理念はたいてい経済的な目標のみではなく、自社の存在意義（パーパス）や社会とのつながり、関係性等について描かれることが多いです。そのため企業はその実現に向けて、個々の事業部や個人が、今期何をどの程度達成すべきかというメッセージをより具体的に発信するために、社会環境の業績評価を展開するのです（3つめの外部環境軸の展開）。

5 本書のまとめ：環境目標斉合性の本質

　つまり環境目標斉合性は、従来の目標斉合性の内容を図表10-2のような3つの方向で拡張・強化した概念としてまとめることができます。

　そもそも目標斉合とは、サブ・システム内（部分）の活動がうまく機能し、その活動全体もトータル・システム（全体）の一部としてうまく機能している状態を指します（**部分最適と全体最適の統合**）。(1)の外部環境の軸を例にとれば、企業が効果的に機能していると同時に（例：業績が上がっている等）、その企業自体が地球環境の中でもあまり負荷をかけずに、調和して活動している状態をいいます。通常の目標斉合の範囲は企業内が中心ですので、環境目標斉合性

図表10-2　環境目標斉合性の本質

──〈部分（サブ・システム）〉──		──〈全体（トータル・システム）〉──
(1) 企業システム	←→	地球環境システム（社会システム）
(2) 業績評価システム	←→	経営目的（経営計画）
(3) 構成員個人のマインドの構造	←→	企業システム（事業部や部門）

◎ **3つの次元における「部分最適」と「全体最適」の統合**

注：各次元の括弧内は左記概念のサブ・システムを表す。
出所：筆者作成。

はこの軸が1番の特徴といえます。2つ目の特徴として、通常の目標斉合は、（業績評価を中心とした）短期の目標の因果関係（組織構造内の縦の連鎖体系）を指しますが、環境目標斉合性はかなり長期にわたります（(2)の時間軸）。企業は短期的な業績を積み上げていくことによって、長期的な経営理念の実現につなげることができます。

　さらに多くの経営理念が掲げる社会環境目標は、通常実現までに時間がかかることが多いです。しかもその理解は多様に解釈が可能で、具体的に何をいつまでにどの程度達成すればいいのかが不明確な場合も多いです。そこでSDGs経営においては、企業内のコミュニケーションを重視し、企業内における経営理念の解釈の仕方のベクトル合わせを行います。そして今年度構成員が経営理念や中長期の社会環境目標（計画）の実現に向けて、具体的に何をどの程度すべきかを明示するのが、業績評価指標の役割です。つまり最終的には構成員個人の意識に、地球環境を守り、社会を改善しながら仕事をすることの意義を根付かせることが環境目標斉合性の最も重要な役割です（(3)の組織構造軸）。

　こうして、**環境目標斉合性は3つの軸**（外部環境、時間、組織構造）**における部分最適と全体最適を統合させることをねらいとします。**これら3つの軸において、従来の範囲を拡大させ、部分と全体の関係を強化させようとするのです。SDGs経営は環境マネジメント・コントロール・システムによって、環境目標斉合性を高めることを究極のねらいとしていました。要するに**SDGs経営の本質は、これら3つの軸における部分最適と全体最適の統合にある**といえるでしょう。

プラス1

非財務情報の開示：課題は価値創造ストーリー

　一般社団法人の企業活力研究所が今年5月に発表した「新時代の非財務情報開示のあり方に関する調査研究報告書」にとても興味深いアンケート調査結果が掲載されている。非財務情報の開示要請は強まっているが、「価値創造ストーリー」を伝えられていないという企業の本音が見えてくる。

　この調査は同研究所が上場企業と未上場有力企業3,000社を対象にアンケートしたものである。回答企業の過半数が売上高1,000億円以上で、海外売上比率15%の企業も過半数に上る。つまり大手グローバル企業の実態を示すものといえる。

　まず企業がどれだけ圧力を感じているか。開示要請を「大いに感じている。」と回答した企業が国内外を問わず半数近くに達した。同研究所では2011年度にも同様の調査を実施しているが、当時は同質問に対し「大いに」と回答した企業が20%弱であった。

　次にエンゲージメント（対話）の対象として、どのステークホルダーを重視しているかという質問に対しては、投資家という回答が75.7%と圧倒的に多かった。従業員は32.1%、一般消費者は17.9%、NGO・NPOは12.1%と続く。

　さらに「非財務情報開示において課題を感じること」に関する回答は、「非財務情報を将来の企業価値と結び付けて開示・説明すること」と回答した企業が62.1%、「本業のビジネスと非財務情報を関連付けること」という回答が54.3%に達した。非財務情報の開示はまだ途上にあるという認識だ。

　報告書では欧米企業へのアンケートや文献調査、企業ヒアリングなども実施し、非財務情報をめぐる4つの課題をあげ、解決の方向性を示している。課題の1つが「見失われている非財務情報の本質と[ESG評価至上主義]」だ。特定のステークホルダーの評価を高めることだけが目的化し、「企業を取り囲む多様なステークホルダーの存在が視界から外れ（中略）、本質から遠ざかった[ESG評価至上主義]ともいうべき事態が生じている。」と分析する。解決には「将来の持続可能な社会において、その企業が果たしたいと思う役割は何であり、価値創造に直結する非財務情報な何なのか、あるべき水準はどの程度なのかについて、

今後のSDGS経営を見わたす

CSR部署のみならず、経営中枢を含めた全社的な場で、徹底的に議論する必要がある。」と指摘する。ステークホルダーの声に耳を傾けることは重要だが、特定の評価に振り回されない「軸」を持たなければならないという提案だろう。

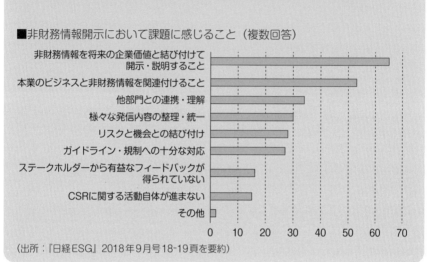

■非財務情報開示において課題に感じること（複数回答）

（出所：『日経ESG』2018年9月号18-19頁を要約）

Exercise

1　あなたは今後のSDGs経営に何を望みますか？　自分の考えをまとめなさい。

2　マネジメント・コントロールの重要なねらいの1つに構成員のモチベーションの向上をあげることができます。環境マネジメント・コントロールによるモチベーションは、通常のビジネスのモチベーションと比べて、どのような特徴があると考えますか。キリンHの事例をもとに述べなさい。

引用文献

藤野雅史・挽文子. 2004.「特集　企業再編と分権化の管理会計　キリンビールにおけるカンパニー制のもとでのEVAとBSC」『企業会計』56(5): 681–688.

横田絵理・妹尾剛好. 2010.「戦略マネジメントシステムの事例研究（1）：キリンビールの『三

田商学研究』53(2): 123-136.

※ベストプラクティスの事例部分は、2022年4月に筆者が行ったインタビュー内容にもとづいています。

より深く学びたい人のために

①ハーバード・ビジネス・レビュー編集部編.2021.『ハーバード・ビジネス・レビュー[EIシリーズ]働くことのパーパス』ダイヤモンド社.

  ☞通常パーパス経営は企業全体の仕組みとして論じられることが多いです。一方で本書は、個人レベルにパーパスを落とし込んで働きがいを高め、いかに成果を高めていくかについて論じています。

②小島玲子.2021.「[しあわせ]が企業価値を高める　ウェルネス経営のススメ　第9回　誰もが生きやすい社会を作る　[分断]と[調和]を分けるもの」『日経ESG』266号（8月号）:108-109.

  ☞近年「Well Being経営」の重要性が唱えられ始めました。企業構成員一人ひとりの幸福感が、企業全体にとっても長期的なパフォーマンスの向上等につながるといった論調が多いのが特徴です。小島氏は丸井グループ株式会社でこうした取り組みを実践・展開している産業医です。

第**11**章
SDGs経営の意義と今後の展望

本章のねらい

1 これまでの解説をもとにSDGs経営の意義について考えます。
2 環境マネジメント・コントロール・システムの今後の課題を検討します。

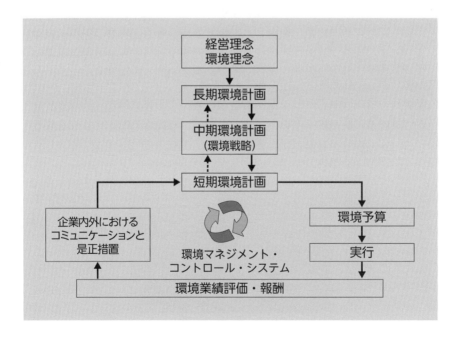

1 SDGs経営の意義

本章ではこれまでの章で見てきたポイントをまとめて、このSDGs経営や環境マネジメント・コントロール・システムの持つ意義と今後の展望について考えていきましょう。

ポイント1

「痛み」を発端とする。

まず環境マネジメント・コントロールをはじめ、環境問題一般にいえることですが、人間や社会が環境問題に取り組む発端（動機、きっかけ）は、「**痛み**」であることが多いです。例えば北ヨーロッパの酸性雨を例にあげて説明しましょう。酸性雨が降ると、樹木や草花が枯れてしまうことがあります。人間が収穫予定の穀物などが枯れてしまって出荷できなくなると、農家の人たちは実入りがなくなって困ってしまいます。こうした実際に自分自身の痛みがきっかけになって、環境に配慮した行動にシフトする人も多いといわれています。社会の問題についても同様のことがいえます。私たちが人にやさしく接するのも、意外と傷付かないように自分を守る面もあるのかもしれません。企業が社会環境問題に対して取り組む動機も、①業界自体の環境負荷が高いために政府からの規制が強い、②公害企業という社会的なイメージを除きたいといった動機も比較的見られます。

ポイント２

「創造性」が重要である。

　これまでの章で見てきたように、企業は現在社会環境への取り組みを通じたさまざまな戦略を展開しています。社会や地球環境を改善することを通じて、自社の利益や競争力を高める実践をCSVとよびましたが、この戦略は実際相当優秀な人でないと策定・実行できません。それは、お金儲けの仕組みをわかるだけでなく、その善行を通じてうまくステークホルダーを取り巻く環境によい影響を与えることが求められるからです。「善い人」だけでもつとまりません。「要領のよい人」だけでも難しいです。両方の要素をうまく織り交ぜて、自社の活動を地球環境や社会に調和させることができる人でなければ、この戦略は成功させることができません。

　実際企業構成員が**創造性**を発揮させるためには、共感（「やさしさや配慮」）と理性（「論理的な思考」）を持って行動できることが重要といわれています。「共感」の展開においては、自分の行動が人に及ぼす影響を考えることができることが大事です。「理性」の展開においては、価値観が多様化する社会の中で、自分の行動を誰にでもわかりやすく説明できることが大事です。つまり環境とうまく調和しながら、自社の利益や将来的な競争力を高めることがここでは最終的に求められているのです。

ポイント3

構成員は正しく動機づけられることが大事である。

「共感」と「理性」の両方を重視した近年着目されつつある経営スタイルに「パーパス経営」があります。ソニー（3章）やキリンH（10章）の事例でも見ましたが、そもそもその組織は何のためにあるのか、将来何を追究していくのかといった価値観が不確実性の高い今日ではさらに求められつつあります。パーパス（もしくは経営理念）として単に経済的な目標を掲げるだけの会社は現状では少ないです。それは簡単にいうと「人はパンのみに生きるわけではない。」からでしょう。人は自分が一生携わる仕事にロマンを求めがちです。生きる意味や価値を求めるのでしょう。自分の所属する会社が、社会に悪い影響を与えていると知りながら、それでも一生懸命仕事をできる人はあまりいないのではないでしょうか。自分の会社が、社会や地球環境に対してあまり迷惑をかけていないことを前提として、人は自分の仕事にやりがいを見出していくように思います。つまり人は**正しく動機づけられる**ことが大事です。心のどこかにやましさがあると、仕事のパフォーマンスにも影響が出てしまいかねません。

大和ハウスの環境マネジメント・コントロールは、①自分の会社に誇りをもてるようになることと、②「この会社で働いてよかったな」と構成員に思ってもらうことを最終的なねらいとしていました。この事例は人が仕事にやる気を持つための前提条件の大事さを物語っています。

ポイント4

「企業」と「環境」の調和を最大のねらいとする。

　環境マネジメント・コントロールの最大のねらいは、企業で働く一人ひとりが、持続可能な原理で思考し、行動するようになることでした。これが本書のテーマである「環境目標斉合性」であり、本書を通じて何度も強調してきました。これは多層にわたるシステム間を持続可能な原理で一貫させるわけですが、単に1つの原理が多くのシステム間にわたるだけではありません。主体と階層をなす環境システムの関係が多面的（複雑）になることも同時に意味しています。例えば企業と環境問題を通じて関わる主体は地域住民や環境NGO団体など通常のビジネスの関係より広がりますが、関わる主体の数が単に増えるだけでなく、従来の主体との関係も多様に変化してきます。社会環境問題を通じての消費者は、経済活動を通しての関係（単に製品の性能に対する要求だけでなく）より複雑で根本的な内容を企業に対して要求してくる可能性もあります。

　こうした社会や地球環境との多様な関係性を効果的にマネジメントし、コントロールする仕組みが、環境マネジメント・コントロール・システムです。**結局環境マネジメント・コントロールは、企業を取り巻く内外の環境と企業を調和させることを最大のねらいとしている**のです。通常の経営戦略で取り上げる「環境」の範囲と次元が高まり、関係性もより多面的であることがわかっていただけたと思います。

まとめ

SDGs経営とは、パーパス（や戦略）の実現にむけた企業と構成員等（部門・事業部）の「共成長」のプロセスである。

　本書では一時的な取り組みではなく、企業の中長期的なSDGs活動を検討してきました。中期の取り組みが（社会）環境戦略にあたり、かなり長期の取り組みはパーパス（経営理念）として位置づけられます。まずSDGs経営は、こうしたパーパスや戦略の実現に向けた組織的な活動であることがわかりま

した。

　そしてSDGs経営は、マネジメント技術として環境マネジメント・コントロール・システムを活用する点が特徴でした。さらに環境マネジメント・コントロールは、「環境目標斉合性」の向上を究極のねらいとしていました。構成員は企業活動のほんの一部を担当するにすぎません。ところが彼ら・彼女らの行動は次第に、企業全体の活動へ調整・展開されていきます。これは目標斉合（部分最適と全体最適の統合）にあたります。さらに本書事例での特徴は通常版より活動の軸を増やし、次元を拡張し、関係性を強化していました。これを本書では「環境目標斉合性」と概念づけました。この性向をどのようにして高めるか、具体的に何を高めるかについて、３つの側面から本書の内容をまとめます。

　まず方法としては、一連の（年次の）ビジネス・プロセスを回すことによってこれを高めようとしていました。一連のビジネス・プロセスとは、①計画、②予算、③実行、④業績評価と報酬、⑤コミュニケーションという、年次の環境マネジメント・コントロール・システムの推進プロセスです。そうしたシステムを活用して、具体的に構成員（部門や事業部）に対して、どのような活動をもたらそうとしていたのでしょうか。本書では①改善、②イノベーション、③共創、④コミュニケーションといった活動を確認することができました。

　こうしたシステムの設計と活用を通じて、まずは構成員（部門や事業部）の取り組みに対するモチベーションを高めようとする点が重要なポイントでした。そして構成員（部門、事業部）に、①（実際の活動の）成果、②能力、③内面を充実させ、高めさせようとしていることを確認できました。

　以上が「環境目標斉合性」の実質的な内容であり、それはわかりやすい言葉で**「共成長」**と表現できます。これは筆者のオリジナルの概念（造語）ですが、部分の成長にともなって、全体も共に成長していくという意味合いをこめています。逆に企業全体の成長にともなって、構成員（部門、事業部）が（影響を受けて）成長していくこともあります。つまり両者は相互に影響

を与え合いながら、共に成長しようとしていくのです。

　最後に本書事例におけるSDGs経営の特徴をまとめましょう。ポイントは、①構成員に高い理想や魅力的なロマンを掲げることが重要である（**調和**）、②道徳的な価値観を持つ主体、つまり自分の行動が人に及ぶ影響について考える人や組織を目指す（**共感**）、③論理的根拠、つまり自分の行動をうまく他者に伝えることができる人や組織は成果をもたらしやすい（**理性**）という3点でしょう。**要するに一言で言うと、SDGs経営の展開においては、本当の意味での「コミュニケーション能力」が最も重要である**ということです。

　もしかして皆さんはコミュニケーションがうまい人を、ただよどみなくお話ができる人と捉えているかもしれません。ただ筆者は本当にその能力に長けた人は、相手の立場や状況、性格等を配慮して、相手に自分の意図を効果的に伝える工夫のできる人と考えています。9章で確認した通り、コミュニケーションの最も重要なポイントは、「受け手の理解」にあったからです。以下では個人レベルでコミュニケーション能力を高めるポイントについて考えていきましょう。

2 個人レベルにおいて環境目標斉合性を高めるポイント

　本書では企業がSDGsを実現するための仕組みと取り組みについて解説してきました。そのためには構成員一人ひとりに環境目標斉合性を高めさせることが重要と指摘してきました。一方で、組織からの働きかけだけでなく、構成員も自主的に環境目標斉合性を高めるよう求められるはずです。そのいくつかのポイントについてふれておきたいと思います。

①まずはSDGs経営に関する知識や技術を深め高めることです。これは単なる理論とは違います。実践に役立つ知識や技術が必要です。そのためには職場に限らずさまざまな場面での経験を積むことも大事でしょう。
②SDGs経営は人や社会、地球環境に役立つことがポイントです。そのため

には人や社会が一体自分に対して何を求めているかを読み取らなければなりません。そこでは相手の話をよく聞いて、本当に求めていることを読み取る必要があります。

③人や社会、地球環境に役立つことを目指しても、実際自分にできることは限られています。まずはその限界を知ることが大事です。誰かのために無理をすると失敗した時に、相手にも迷惑を掛けてしまうからです。迷惑を掛けないためにはまず自分を客観的に捉えられていなければなりません。自分にできる範囲のことを相手や社会に対してしようとし、実行することが大事です。

④最終的に目指す状態は、「相手から受け入れられる」ことです。そのため、こうしたコミュニケーションに臨む態度は常に謙虚であることが大事です。「俺は偉いから皆のためにやってやってるんだ！」といったごうまんな態度は、相手や社会からの評価を下げるでしょう。これは取り組みの大前提です。

⑤①～③のサイクルを繰り返すことで、自分を高めるよう努力することが重要です。相手や社会の要求を完全にかなえることは誰にもできません。ただ相手や社会は自分に寄り添おうとしている態度やプロセス、さらにいえばコミュニケーションのやり取りの中に、あなたの誠意を読み取るでしょう。相手のこと、社会のこといずれにしても、すべて理解することは不可能です。ただアプローチしていく（近付く）プロセスの中に、信頼関係はもたらされるでしょう。

3 SDGs経営の今後の展望

最後にSDGs経営や環境マネジメント・コントロール・システムを取り巻く状況に関する将来的な展望と見通しを立てて、本書をしめくくりたいと思います。

①インパクト評価の展開

これまで企業は、社会や環境に配慮した経営をしていることだけで評価されていました。しかしこれからの時代は違います。今特に大企業では、社会や環境に配慮することはもはやあたり前で、今後はそうした取り組みをいかに経済成果につなげていくかが問われつつあります。その動向の1つとして「**インパクト評価**（SROI：Social Return on Investment）」をあげることができます。これはアメリカで始まった実践で、イギリスにわたって大きく発展しました。例えば政府による公共事業で失業者が大幅に減ったとしましょう。これは社会的にも意義のある活動ですから、その影響を金額で捉えましょうという発想です。これまでは善いことをしているだけでよしとされ、その活動の成果の大きさや活動の効率性については、ほとんど分析がなされてきませんでした。しかし実際、1,000万円を投資して50人の雇用を保障するより、同額で150人の雇用をもたらす方が私たちの税金もうまく活用してくれているということになります。インパクトには負のインパクト（ネガティブインパクト）と正のインパクト（ポジティブインパクト）があります。従来はインパクトというと前者がメインでしたが、近年になって後者の開発・研究が進んできました。

インパクト評価の手法が開発されてくると、企業はさらに効率的かつ効果的にSDGs経営に取り組むよう求められます。効果的というのは、大きな成果をもたらすという意味ですから、社会環境への取り組みを経済成果に結び付ける中長期の道筋（シナリオ）をまず確実に描く必要があります。そうでなければステークホルダーからの支持を得ることも難しいでしょう。効率的というのは、少ない経営資源でより大きな成果をもたらすということです。そもそも企業の持つ経営資源は有限です。しかもその多くは株主や社債権者、銀行といった経済的な利害に関わるステークホルダーの所有物です。有限な経営資源をより効率的に活用して、より大きなインパクトをもたらすことが求められる時代になりつつあるでしょう。

②バリューチェーン全体への拡がり

今や企業のSDGs経営への取り組みのきっかけは、系列の親会社（バイヤー）からの要請や、取引相手からの要望をふまえることも多いです。今は「**スコープ3**」といって、ライフサイクル全体（製品が始まってから終わるまで（例：企画・研究開発から廃棄段階まで））で環境負荷を下げることが求められています。

スコープとは「範囲」のことで、スコープ1からスコープ2、スコープ3へと環境負荷削減の範囲を次第に拡大させるよう、企業は求められつつあります。スコープ1は自社の生産活動や販売活動など自社の拠点で使用・排出する温室効果ガスの排出量を指します。スコープ2は他社から供給された電気やガスを使用したことによる間接的な温室効果ガスの排出総量をいいます。通常企業は生産・販売活動にともなって電気等を他の会社（電力会社等）から購入しますが、そうした電力が再生可能エネルギーかどうかについても近年注目されています。さらに、製品に関わって発生する電力のほとんどは、顧客が製品を使用する時に発生します。そうした顧客が製品の使用時に発生したり（下流段階）、購入前の原材料の加工段階で生じたり（上流段階）する温室効果ガスの総量をスコープ3とよびます。

近年は大企業がサプライヤー（供給業者）の脱炭素への取り組みを評価して、取引の条件の1つにし始めています。第3章で学習したソニーグループ（第3章）が脱炭素に取り組み始めた大きな理由も、部品の供給先のアップル社が取引条件として求めていたからでした。ここでのアップル社のSDGs経営はスコープ3を対象に展開しているといえます。こうした動向は日本の大規模メーカーのサプライヤーにも広がりつつあります（**サプライチェーンへの拡張**）。

③環境と経済の統合化のさらなる進行

これまで見てきたように、特に大企業を中心にSDGs経営は進行しており、その影響は系列や取引先の企業にも着実に拡がりつつあります。ここでは従来型の①業界レベル一般の取り組みにならう取り組み方、②社会の目先を引く目的の実質的でない取り組み方、③非効率・非効果的な取り組み方は有効

ではないことがわかっていただけたと思います。つまり最も重要な点は、企業のSDGs経営の中心的な価値を社内外で共有し、合理的に活動を展開することです。

　現在日本企業のSDGs経営には、独自性の高い**「存在意義」**を追究し続ける取り組み方が求められつつあります。さらにその方法も、市場での競争優位性という現実的な裏づけが必要です。それは「効率的かつ効果的」という企業の活動原理に根付かせることが重要だからです。企業経営の根幹にしっかりと社会環境を位置づけ、持続的かつ戦略的に取り組む動向が今後ますます求められるでしょう。ここで環境目標斉合性の原理はますます現実に展開していくでしょう。

　社会の観点からは地球環境も大事ですし、企業の観点からはまず利益が前提です。これらをうまく両立していく取り組みはすでに始まっています。美しい地球、よりよい社会を後の世代に引き継いでいくためにも、私たちは優れた企業実践の中からますます多くの知恵を学んでいく必要があるでしょう。

Exercise

・本書では基本的に社会や地球環境、そして企業をより良くする方法を学んできました。ただ全体を良くしても、個々人が十分に幸せにならないケースもあると思います。具体例をあげて、個々人も幸せになるためにはどのようにすれば良いかを考えてみましょう。

より深く学びたい人のために

①加賀裕也. 2021. 『SROIとインパクト評価が社会を変える：SDGs・ESG時代の新たな経営戦略』未来パブリッシング.
　☞インパクト評価に関する入門書。SROI誕生の経緯から現在の展開に至るまでについても記述があります。
②SROIの活用事例は以下のウェブサイトに実例が多く掲載されています。どのように

事例が展開されているかを検討してみましょう。

【Social Value UKのサイト】

http://socialvalueuk.org/report-database/

☞ Social Value UK は、社会価値とインパクト・マネジメントの世界的な標準化団体 Social Value International の共同メンバーです。

おわりに

　この本で何度も強調してきたように、本来企業は社会や地球環境問題に取り組むことを第一の目的としているわけではありません。日本やアメリカ、イギリスといった世界の西側諸国は資本主義を掲げています。資本主義の反対語は社会主義です。簡単にいうと、資本主義は人間は他の人よりも多くの金を稼ぐように仕事をするという前提に立っています。社会主義は人間は社会の（をよりよくする）ために仕事をするという前提に立っています。まずみなさんはいずれがよいとか悪いかの価値観をめぐって議論してみましょう。ただ実際大きな社会主義国家（ロシア、中国、北朝鮮）でさえ、資本主義をどんどん取り入れ始めています。一方資本主義国家でも、利己主義と競争原理を追求しすぎたために、大きな社会環境問題をもたらしてしまいました。

　本書（特にステップ２）で紹介した環境マネジメント・コントロール・システムの多くの事例は、基本的に資本主義の延長線上で、こうした社会環境問題を改善しようとするものです。他社（事業部）よりも多くの金を稼ごうとする企業（事業部）が、社会環境問題に対して現状どのように取り組もうとしているのかということは、理解していただけたと思います。こうした現状を見て、みなさんは（１）この現実の論理は何か、（２）その論理や実践は、はたしてよいのか悪いのかをぜひ考えてみてください。そうしたパワーこそが、みなさんの担う明日の社会をつくるはずです。

　本書作成は、千葉商科大学会計教育研究所のプロジェクトの一環として展開しています。そのためプロジェクトを支えていただいた所長：谷川喜美江先生にお礼申し上げます。また千葉商科大学にSDGsの講座を開設していただいた森浩気先生にもお礼申し上げます。また本書を書き上げるまでには國部克彦先生および、神戸大学管理会計研究会の先生方・大学院生に貴重なコメントをいただきました。

　長年ご指導いただいている河合隆治先生、坂口順也先生、大西靖先生、鈴木新先生、天王寺谷達将先生や、本学では佐藤正雄先生、橋本隆子先生、奥寺葵先生には、本書の基盤となる研究をお支えいただきました。

　なお出版に際しては同文舘出版株式会社の青柳裕之様と有村知記様にお世話いただきました。最後に執筆活動の時間を与えてくれた家族へのお礼を、この場を借りて伝えさせていただくことをお許しください。

安藤　崇

索　引

〈著者紹介〉

安藤　崇（あんどう・たかし）
千葉商科大学商経学部准教授

［略歴］
1997年3月　甲南大学経営学部経営学科卒業
1999年3月　横浜国立大学大学院経営学研究科経営学専攻修士課程経営学専攻修了
2003年3月　神戸大学大学院経営学研究科博士課程前期課程会計システム専攻修了，
　　　　　　修士（経営学）
2010年3月　神戸大学大学院経営学研究科博士課程後期課程会計システム専攻修了，
　　　　　　博士（経営学）
2013年4月　同志社大学商学部助教
2016年4月　千葉商科大学商経学部専任講師
2019年4月より現職

［主要業績］
『環境マネジメント・コントロール：善行の内省と環境コスト・マネジメント』中央
　経済社，2020年
Sustainability Management and Business Strategy in Asia（共著）World Scientific
　Publishing Co., 2019年
「外部環境マネジメント・コントロールの促進要因に関する研究」『メルコ管理会計
　研究』第11巻第1号，2019年　他多数。

2023年3月30日　　初版発行　　　　　　略称：ケースSDGs経営

ケースブック　SDGs経営
―企業構成員を動機づける仕組み―

著　者　Ⓒ安　藤　　崇
発行者　　中　島　豊　彦

発行所　同　文　舘　出　版　株　式　会　社
東京都千代田区神田神保町1-41　　　〒101-0051
営業(03)3294-1801　　　編集(03)3294-1803
振替 00100-8-42935　　http://www.dobunkan.co.jp

Printed in Japan 2023　　　　　　　　　製版：一企画
　　　　　　　　　　　　　　　印刷・製本：三美印刷
　　　　　　　　　　　　　　　　　　装丁：オセロ

ISBN978-4-495-21042-7